SUR LE VIF

Niveau intermédiaire

Cahier d'exercices écrits et de laboratoire

Hannelore Jarausch | Clare Tufts
University of North Carolina | *Duke University*

THOMSON HEINLE

Australia • Canada • Mexico • Singapore • Spain • United Kingdom • United States

THOMSON
———★———
HEINLE

Sur le vif
Quatrième édition
Cahier d'exercices écrits et de laboratoire
Jarausch | Tufts

Editor in chief: PJ Boardman
Acquisitions Editor: Lara Semones
Senior Production Project Manager: Esther Marshall
Assistant Editor: Arlinda Shtuni
Marketing Manager: Lindsey Richardson
Marketing Assistant: Rachel Bairstow
Advertising Project Manager: Stacey Purviance
Manufacturing Manager: Marcia Locke
Compositor: Greg Johnson, Art Directions
Project Manager: Sev Champeny
Cover Designer: Ha Nguyen
Text/Cover Printer: Darby Printing Company

© 2005 Thomson Heinle, a part of the Thomson Corporation. Thomson, the Star logo, and Heinle are trademarks used herein under license.

ALL RIGHTS RESERVED. No part of this work covered by the copyright hereon may be reproduced or used in any form or by any means—graphic, electronic, or mechanical, including photocopying, recording, taping, Web distribution, information storage and retrieval systems, or in any other manner—without the written permission of the publisher.

Printed in the United States of America
    4 5 6 7 09 08 07 06

ISBN: 1-4130-0560-8

Table des matières

To the Student   **iv**

Cahier d'exercices écrits

Prélude	**1**
Chapitre 1	**5**
Chapitre 2	**17**
Chapitre 3	**31**
Interlude 1	**45**
Chapitre 4	**47**
Chapitre 5	**59**
Chapitre 6	**73**
Interlude 2	**83**
Chapitre 7	**85**
Chapitre 8	**95**
Chapitre 9	**105**
Postlude	**117**

Cahier de laboratoire

Chapitre 1	**121**
Chapitre 2	**127**
Chapitre 3	**133**
Chapitre 4	**139**
Chapitre 5	**145**
Chapitre 6	**151**
Chapitre 7	**157**
Chapitre 8	**163**
Chapitre 9	**171**

Réponses pour le Cahier d'exercices écrits	**176**
Script pour le Cahier de laboratoire	**186**

To the Student

The *Cahier d'exercices écrits et de laboratoire* to accompany *Sur le vif,* **Quatrième édition,** is divided into two parts, a workbook and a lab manual. All activities relate directly to the themes and grammar structures of the corresponding chapters in your textbook. Completion of this material outside of class will prepare you to participate more actively in class, reinforce your comprehension of vocabulary and grammar, and enhance your ability to understand, speak, read, and write in French.

Each chapter in the *Cahier d'exercices écrits* has three sections. The first, **Vocabulaire,** will help you learn the words and expressions in the vocabulary lists of each chapter. In this part, the **Entraînement** exercises are self-check, which means that the answers can be found in the back of this workbook. They are followed by **Développement** activities that require a more creative use of the vocabulary expressions and usually a sentence or paragraph-length response. No answers are given for these since they will vary from student to student. The **Structures** section follows the same pattern, with self-check exercises preceding more open-ended activities for each grammar point presented in the textbook. The final part, **Expression,** contains a choice of topics for short compositions as well as suggestions for how to approach and organize your writing. If your language program uses the *Système-D Writing Assistant,* indications are given for the files that apply to each writing assignment.

The website (http://slv.heinle.com) contains self-check vocabulary and grammar exercises, as well as open-ended activities that will help you explore the francophone Internet.

The *Cahier de laboratoire,* used together with the audio CDs, provides activities for pronunciation, listening comprehension, and dictation. Each chapter opens with a **Phonétique** section for pronunciation practice. This is followed by **Compréhension,** which requires understanding the gist of an oral text, and **Dictée,** asking for word-for-word reproduction. All exercises provide additional cultural information related to the theme of the corresponding textbook chapter. The scripts of the listening comprehension and dictation texts are found at the back of this **Cahier,** but you should follow the instructions in these sections, do the pre-listening activities with care, listen to the recordings and respond accordingly before you check your answers.

Travaillez bien et bon courage!

H.J. & C.T.

Nom _____ Date _____

Prélude

Le français dans le monde

http://slv.heinle.com

A Associations. Quand on dit «français», à quoi pensez-vous? Ecrivez vos associations (au moins dix mots ou expressions).

Modèle: la Bastille, le TGV, le Tour de France,...

_____
_____
_____
_____
_____
_____

B Un peu de tout. Dans la colonne A, trouvez la ville, le pays ou la région francophone où vous pourriez faire les activités de la colonne B.

A.
1. _____ à Haïti
2. _____ à Cannes
3. _____ en Louisiane
4. _____ au Maroc
5. _____ en Polynésie française
6. _____ à Bruxelles
7. _____ à Montréal
8. _____ à Genève
9. _____ à Chamonix
10. _____ en Tunisie
11. _____ au Sénégal

B.
a. écouter de la musique zydeco
b. faire du ski et voir le Mont-Blanc
c. visiter des ruines romaines
d. visiter la Grande Mosquée de Dakar
e. assister à un festival de cinéma
f. étudier le culte du vaudou *(voodoo)*
g. visiter l'Office européen de l'ONU
h. faire une croisière sur le Pacifique
i. acheter des fruits au marché central de Marrakech
j. interviewer des membres de la Commission européenne
k. voir un match de hockey sur glace

✔ *Vérifiez vos réponses, page 176.*

C Le savez-vous? Nommez une personne ou un produit pour chaque catégorie.

1. un homme / une femme politique français(e) _____
2. un film français _____
3. un écrivain français _____
4. un personnage historique français _____

Prélude

Nom _____ Date _____

5. un acteur / une actrice français(e) _____
6. un(e) musicien(ne) français(e) _____
7. une voiture française _____
8. un pneu français _____
9. une eau minérale française _____
10. un train français _____

Rappel Pour exprimer la causalité en français, on utilise **parce que** + sujet + verbe, ou **à cause de** + nom. Dans le style soigné *(formal)*, **car** peut remplacer **parce que**.

D Pourquoi? Remplissez les blancs dans le paragraphe avec **à cause de** ou **parce que**. Faites les changements nécessaires (du / des, qu'il / qu'elle).

Beaucoup d'Américains choisissent le français comme langue étrangère _____ son de la langue. Ils aiment le français _____ ils trouvent que c'est une belle langue. Mais on peut aussi l'étudier _____ son utilité. On le parle en Afrique occidentale _____ certains pays étaient des colonies françaises ou belges jusqu'au milieu du vingtième siècle. La France attire beaucoup de touristes _____ ses sites historiques, de ses beaux paysages, de son climat, et, bien sûr, _____ on y mange bien!

✔ *Vérifiez vos réponses, page 176.*

E Apprendre le français. Finissez les phrases pour parler de vos expériences en ce qui concerne *(concerning)* le français.

1. J'apprends le français depuis _____.
2. Dans mes cours de français, j'aime _____.
3. Pour moi, les activités les plus amusantes en cours de français sont _____.
4. J'aime / Je n'aime pas travailler en petits groupes parce que _____.
5. Je voudrais apprendre (à) _____.
6. Je préfère les professeurs de français qui _____.
7. _____ est difficile pour moi.
8. Quand je ne comprends pas mon professeur, _____.
    suis content(e) en cours de français quand _____.
    cours de français, _____.

d'exercices écrits

Nom _____ Date _____

F **Qui êtes-vous?** En un petit paragraphe de quatre ou cinq phrases, présentez-vous à votre professeur. Dites-lui ce que vous aimez, ce que vous n'aimez pas, ce qui vous intéresse, ce que vous voulez faire dans la vie, si vous avez peur de quelque chose, etc.

_____
_____
_____
_____
_____
_____
_____
_____
_____
_____

Nom _____ Date _____

Chapitre 1

Les études

http://slv.heinle.com

Vocabulaire

Entraînement

A Les lieux. Où se trouvent les personnes et les choses de la liste suivante? Notez la lettre du lieu qui correspond le mieux à chaque personne ou chose. Parfois, il y a plusieurs possibilités.

é = école primaire   **l** = lycée   **u** = université

1. l'amphithéâtre   _u_
2. l'institutrice   _é_
3. l'étudiante   _u_
4. le bac   _l, u_

5. le lycéen   _l_
6. la fac   _u_
7. l'élève   _é, l_
8. le nul   _é, l, u_

✔ *Vérifiez vos réponses, page 176.*

B Définitions. Dans la liste de vocabulaire C de votre manuel, trouvez les mots qui correspondent aux définitions suivantes. N'oubliez pas de mettre les articles appropriés.

1. période de l'année où on reprend ses études — la rentrée
2. jugement sur le travail d'un(e) élève, généralement exprimé par un chiffre *(number)* — la note
3. cours, souvent en amphithéâtre, dans lequel les étudiants prennent des notes et ne discutent pas entre eux ou avec le professeur — le cours magistral — les travaux dirigés
4. ce qu'on doit payer quand on s'incrit à l'université — les droits d'inscription
5. exercice scolaire fait en classe et destiné à contrôler le progrès d'un(e) élève — le partiel / interrogation
6. cours que tous les étudiants doivent suivre —
7. examen universitaire qu'on passe au milieu ou avant la fin de l'année — la dissertation / partiel
8. ensemble des documents concernant le travail d'un(e) étudiant(e) — le relevé de notes

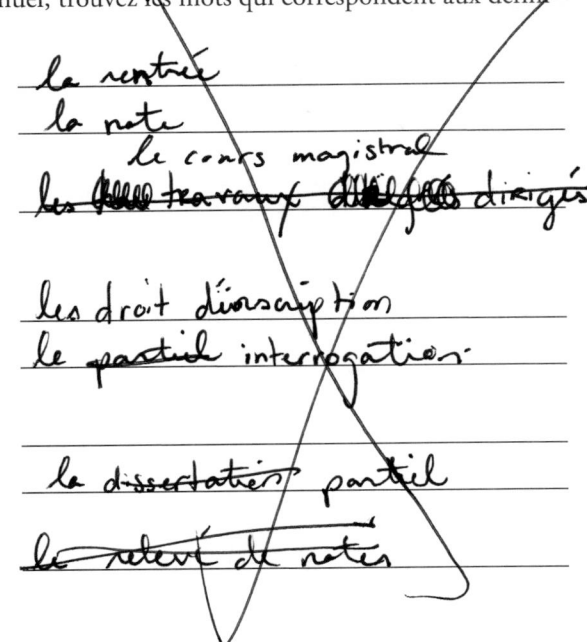

✔ *Vérifiez vos réponses, page 176.*

Chapitre 1   5

Nom _____ Date _____

C Les activités de quelques étudiants. Remplissez les blancs avec les mots appropriés de la liste de vocabulaire D de votre manuel. Attention aux temps et à la forme des verbes: **présent, passé composé** ou **infinitif**?

1. Isabelle adore les chiffres; elle décide de _____ en mathématiques.

2. Henri veut aller à la montagne faire du ski; puisque le train part à 12 h 30, il doit _____ son cours d'anglais à 13 h 30.

3. Sylvie et Gérard sont hyper contents; ils viennent d'apprendre qu'ils _____ au bac.

4. Alain est très fatigué ce matin; il _____ toute la nuit pour l'interro de chimie aujourd'hui.

5. Cet étudiant sans scrupules _____ afin de ne pas _____ à son examen d'histoire.

6. A la fin de cette année scolaire, Philippe aura assez d'unités de valeurs. Alors, il va _____ et commencer à travailler.

✔ *Vérifiez vos réponses, page 176.*

D Les adjectifs, les noms et les verbes. Dans la liste de vocabulaire D de votre manuel, trouvez les verbes qui correspondent aux adjectifs et aux noms suivants.

1. bosseur _____
2. les inscriptions _____
3. la réussite _____
4. tricheur _____
5. la spécialisation _____
6. débrouillard _____
7. l'assistance _____
8. l'échec _____

✔ *Vérifiez vos réponses, page 176.*

Développement

E Que font-ils? Finissez les phrases pour décrire les actions des personnes indiquées en utilisant au moins trois expressions du vocabulaire du chapitre.

   Modèle: Un élève paresseux **sèche ses cours, ne rend pas ses devoirs et doit redoubler.**

1. Un étudiant qui veut réussir _____
_____.

2. Une lycéenne qui est très fatiguée _____
_____.

3. Une étudiante qui veut obtenir son diplôme aussi vite que possible _____
_____.

4. Un étudiant qui ne veut pas trop travailler _____
_____.

F Un(e) étudiant(e) typique. Comment sont les étudiants de votre université en ce qui concerne leurs études? En un paragraphe de quatre ou cinq phrases, expliquez ce qu'ils aiment (cours, activités, etc.) et ce qu'ils n'aiment pas à la fac.

_____
_____

6 Cahier d'exercices écrits

Nom _____ Date _____

_____
_____
_____
_____
_____
_____
_____
_____
_____

Structures

I Verb review

A Le père n'est pas content. Remplissez les blancs avec la forme qui convient des verbes **payer** ou **s'ennuyer**.

Ecoute, Jean-Christophe. Tu dis que tes cours ne sont pas intéressants et que tu _t'ennuies_ à la fac. C'est dommage, mais nous _payons_ tes droits d'inscription et je crois que tu dois finir tes études. Moi aussi, je _m'ennuie_ souvent au travail, mais je _paye_ les factures (*bills*), alors je ne peux pas arrêter de travailler. Ta mère ne peut pas tout _payer_ parce qu'elle ne gagne pas assez. Comme peintre, elle ne _s'ennuie_ jamais, mais elle ne _paye_ que ses pinceaux (*paint brushes*) et ses toiles (*canvas*). Attends les grandes vacances. Tu ne vas plus _t'ennuyer_ avec ton stage, et avec l'argent que tu gagneras, tu pourras te _payer_ un voyage. Tu sais, quand je passe mes vacances avec ta mère, nous ne _payons_ jamais.

✔ *Vérifiez vos réponses, page 176.*

II Present indicative / III Infinitives

Entraînement

B Les rêves d'un nouvel étudiant. Remplissez les blancs avec la forme convenable du verbe entre parenthèses.

Guillaume _____ (venir) de _____ (commencer) ses études de sciences politiques. Depuis trois ans, il _____ (rêver) de _____ (pouvoir) _____ (s'installer) dans son propre appartement. Il _____ (savoir) qu'il _____ (aller) _____ (réussir). Il n'_____ pas (avoir) l'intention de _____ (faire) la fête parce qu'il _____ (vouloir) _____ (obtenir) son diplôme aussi vite que possible. Sa mère lui a dit de

Chapitre 1   7

Nom _____ Date _____

_____ (sortir) de temps en temps et de _____ (faire) du sport, mais quand il n'_____ pas (étudier), il _____ (s'ennuyer). C'est triste, n'est-ce pas?

✔ *Vérifiez vos réponses, page 176.*

C Réussir ou pas? Dans les passages suivants, remplissez les blancs avec les verbes de chaque liste à la forme qui convient du **présent** ou à l'**infinitif**. Chaque verbe n'est utilisé qu'une seule fois.

avoir / devoir / s'inscrire / obtenir / réussir

Qu'est-ce qu'on _____ faire pour réussir à la fac? Beaucoup d'étudiants _____ à trop de cours, alors ils _____ trop de partiels et d'interrogations et ils ne _____ pas. Pour _____ un diplôme, suivez l'exemple de Valérie.

choisir / écouter / être / s'inquiéter / prendre / répondre / sécher

«Bien sûr, je _____ mes cours avec soin. Puis, quand je _____ en cours, j'_____ attentivement, je _____ des notes et je _____ aux questions du prof. Je ne _____ jamais de cours. Je prépare si bien mes cours que je ne _____ jamais au moment des examens.»

✔ *Vérifiez vos réponses, page 176.*

D L'avis du nul. Dans le passage suivant, remplissez les blancs avec les verbes de la liste à la forme qui convient du **présent** ou à l'**infinitif** (**présent** ou **passé**). Chaque verbe n'est utilisé qu'une seule fois.

s'amuser / boire / donner / être / faire / s'inquiéter / passer / rater / se reposer / réussir / sortir

A mon avis, Valérie ne _____ pas assez. _____ étudiant veut aussi dire qu'on _____ avec ses amis, qu'on _____ un coup de temps en temps et parfois, hélas, qu'on _____ un examen. Ce n'est pas la fin du monde! De temps en temps, même les nuls ont de la chance et après _____ à un examen, mes amis et moi, nous _____ la fête. Je vous _____ des conseils: avant de _____ un examen, vous devez _____ et ne pas trop _____.

✔ *Vérifiez vos réponses, page 176.*

E Les différences. Un étudiant français, qui a passé un an aux Etats-Unis, discute avec un étudiant américain. Dans les passages suivants, remplissez les blancs avec les verbes de chaque liste à la forme qui convient du **présent** ou à l'**infinitif**. Chaque verbe n'est utilisé qu'une seule fois.

trouver / préférer / prendre / connaître / se parler / comprendre / pouvoir / habiter / être / venir / partager / avoir

LOÏC: Moi, je _____ de passer un an aux Etats-Unis et je crois _____ assez bien le système chez toi. Un campus américain _____ souvent très beau, avec de grands arbres et des pelouses, comme un parc. Vous, les étudiants américains, vous _____ dans des résidences et vous _____ souvent votre chambre avec un autre étudiant, ce que nous, les Français, nous _____ curieux. Comment _____-on vivre avec quelqu'un qu'on ne _____ pas? Moi, je _____ vivre chez mes parents et _____

8 Cahier d'exercices écrits

Nom _____ Date _____

ma propre chambre. Mes parents et moi, nous _____ nos repas ensemble et nous _____ de tout.

avoir / choisir / dire / essayer / partager / rendre / rentrer / vivre / se voir / vouloir

BRANDON: Tu _____ raison quand tu _____ que nous _____ nos chambres, mais nous _____ souvent notre camarade de chambre, surtout après la première année. Nous ne _____ plus _____ chez nos parents parce que nous _____ d'être plus indépendants qu'avant. Nos parents nous _____ visite et nous _____ chez nous en vacances. Mais en semaine, nous ne _____ pas.

✔ *Vérifiez vos réponses, page 176.*

F Sans les copines? Au lycée, Martine a toujours passé tout son temps avec ses copines. Avant de partir pour la fac, elle se demande comment elle va se débrouiller sans elles. Remplissez les blancs avec un verbe de la liste à la forme convenable. Chaque verbe n'est utilisé qu'une seule fois.

acheter / se connaître / s'ennuyer / s'entendre / faire / s'habiller / se téléphoner / se voir

Nous _____ depuis l'école primaire. Nous _____ tous les jours et quand ce n'est pas possible, nous _____. Nous _____ tout ensemble, nous _____ les mêmes vêtements et nous aimons _____ de la même manière, souvent en jean et en tee-shirt. Je vais certainement _____ sans mes copines. Mais ce n'est pas si triste que ça. Robert, le copain avec qui je _____ si bien, fait ses études dans la même ville que moi!

✔ *Vérifiez vos réponses, page 176.*

G Après le cours. Faites des phrases complètes pour indiquer ce que chaque personne vient de faire.

Modèle: tu / passer un examen
Tu viens de passer un examen.

1. je / faire du jogging
   _____.

2. mes amis / rentrer de la bibliothèque
   _____.

3. mon professeur / partir
   _____.

4. mes parents / me téléphoner
   _____.

5. mon ami et moi, nous / faire les courses
   _____.

6. tu / prendre un café
   _____.

7. vous / s'inscrire pour le semestre prochain
   _____.

✔ *Vérifiez vos réponses, page 176.*

Chapitre 1   **9**

Nom _____ Date _____

Développement

H Qu'est-ce qu'on fait? Expliquez ce que les personnes indiquées font dans les situations suivantes. Mentionnez au moins deux choses.

Modèle: en cours
Un professeur qui se fâche **pose des questions impossibles, parle trop vite, ne répond pas aux questions des étudiants.**

1. au début du semestre
   La plupart des étudiants _____
   _____
   _____.

2. avant un examen
   Une étudiante sérieuse _____
   _____
   _____.

3. en cours
   Un étudiant paresseux _____
   _____
   _____.

4. quand elle a une dissertation à écrire
   Une étudiante anxieuse _____
   _____
   _____.

5. quand vous avez trop de devoirs
   Je _____
   _____
   _____.

6. à la fin du semestre
   Mes amis et moi, nous _____
   _____
   _____.

I Qu'est-ce qui vient d'arriver? Imaginez des causes possibles pour les situations suivantes. Utilisez **venir de** dans vos réponses. Soyez créatif (créative) car il y a beaucoup de possibilités.

Modèle: Vous rentrez chez vous.
Je viens de terminer mes examens.

1. Votre copine pleure.
   _____

10 Cahier d'exercices écrits

Nom _____ Date _____

2. Votre professeur est de mauvaise humeur.
_____

3. Vos parents sont très contents.
_____

4. Votre camarade de chambre et vous ne vous parlez plus.
_____

5. Vous êtes de bonne humeur.
_____

J L'étudiant idéal. Décrivez, en un paragraphe de trois ou quatre phrases, l'étudiant idéal du point de vue du professeur. Dites ce qu'il fait ou ne fait pas.

_____
_____
_____
_____
_____
_____
_____
_____

K Le cours impossible. Imaginez, en un paragraphe de trois ou quatre phrases, un cours horrible. Que fait le professeur? Que font les étudiants? Comment sont les devoirs et les examens?

_____
_____
_____
_____
_____
_____
_____
_____

Chapitre 1

Nom _____ Date _____

IV Imperatives

Entraînement

L Ils partent. Roger et Sylvie, des jumeaux, partent pour l'université. Roger est souvent distrait mais Sylvie est très consciencieuse. Leur mère leur dit ce qu'ils doivent ou ne doivent pas faire une fois arrivés à l'université. Utilisez les éléments donnés pour écrire les ordres de la mère.

Modèles: Roger et Sylvie / ne pas sécher vos cours
Ne séchez pas vos cours.

Sylvie / aller au cinéma avec tes amis
Va au cinéma avec tes amis.

1. Roger et Sylvie / choisir des cours intéressants
   _____.

2. Roger et Sylvie / s'inscrire immédiatement
   _____.

3. Roger et Sylvie / ouvrir un compte en banque
   _____.

4. Roger / ne pas oublier d'assister aux cours
   _____.

5. Sylvie / s'amuser de temps en temps
   _____.

Les enfants ont, eux aussi, des conseils pour leurs parents.

6. Maman et Papa / ne pas s'inquiéter trop
   _____.

7. Papa / envoyer de l'argent régulièrement
   _____.

8. Maman / faire des petits gâteaux pour nous
   _____.

✔ *Vérifiez vos réponses, pages 176–177.*

M A la fac. Arrivés à la fac, Roger et Sylvie ont des idées très différentes, mais chacun veut que l'autre fasse la même chose que lui/elle. Ecrivez les ordres qu'ils se donnent en utilisant les éléments donnés.

Modèle: Sylvie: aller en cours / Roger: sortir au restaurant
—**Allons en cours!**
—**Non, sortons au restaurant!**

1. Sylvie: écrire nos rédactions / Roger: boire une bière
   _____!
   _____!

12 Cahier d'exercices écrits

Nom _____ Date _____

2. Sylvie: faire du jogging / Roger: manger une pizza

_____!

_____!

3. Sylvie: travailler / Roger: se reposer

_____!

_____!

✔ *Vérifiez vos réponses, page 177.*

Développement

N L'orientation. Vous travaillez pour un programme d'orientation qui aide les nouveaux étudiants à réussir à l'université. Qu'est-ce que vous leur conseillez? Pour chaque catégorie, utilisez l'**impératif** (à la forme **vous**) pour leur donner des conseils ou des suggestions.

toujours

1. _____.
2. _____.
3. _____.

de temps en temps

1. _____.
2. _____.
3. _____.

jamais

1. _____.
2. _____.
3. _____.

V *Faire* causatif

Entraînement

O Qui fait travailler? Vous avez l'impression que les autres vous font travailler tout le temps. Récrivez les phrases en utilisant le **faire** causatif.

Modèle: le prof / passer un examen
Le prof me **fait passer un examen.**

1. les profs / écrire des rédactions

Ils nous _____.

2. ma mère / faire tous mes devoirs

Ma mère me _____.

Chapitre 1

3. vous / bosser la veille d'un examen

   Vous me _____.

4. mes camarades de chambre / ranger la chambre

   Ils me _____.

5. mes parents / assister à tous mes cours

   Ils me _____.

6. toi / aller chercher tes livres à la bibliothèque

   Tu me _____.

7. ma sœur / réparer son ordinateur

   Ma sœur me _____.

✔ *Vérifiez vos réponses, page 177.*

Développement

P Un ange. Pensez à toutes les responsabilités, à tout ce qu'on fait dans la vie. Imaginez que vous avez une sorte d'ange gardien qui fait tout ce que vous et les autres ne voulez pas faire vous-mêmes. Faites une liste des choses que les personnes indiquées font faire à cet ange.

Modèle: moi
> **Je lui fais faire mes devoirs.**

1. mon professeur

   _____.

2. ma (mon) camarade de chambre

   _____.

3. mes parents

   _____.

4. mes amis

   _____.

5. moi

   _____.

14 Cahier d'exercices écrits

Expression

A Trop à faire. Décrivez, en deux paragraphes, une journée à l'université où vous avez trop de choses à faire.

> **Grammar:** Present tense
> **Vocabulary:** Expressing compulsion / obligation
> **Phrases:** Studies / courses; time expressions

Avant d'écrire…

1. Faites une liste de ce que vous devez faire.

_____
_____
_____
_____
_____
_____
_____

2. Trouvez un ordre logique pour les activités de votre liste et indiquez-le avec des chiffres.

   Modèle: 3. passer un examen
           4. écrire une dissertation pour le cours d'histoire américaine
           1. me lever à 6 heures du matin
           2. aller chercher des livres à la bibliothèque

Maintenant, écrivez votre composition en ajoutant des détails pour convaincre votre lecteur (lectrice) que vous avez vraiment trop de choses à faire.

B Votre expérience personnelle. Quelle sorte d'étudiant(e) êtes-vous? Répondez d'abord aux questions suivantes. Puis, en vous basant sur vos réponses, décrivez-vous.

> **Grammar:** Present tense; adverbs of time
> **Vocabulary:** Describing people; expressing opinion or preference
> **Phrases:** Time of day; daily routines; university

1. Comment organisez-vous votre travail à l'université? Comment est votre journée typique? A quelle heure vous levez-vous? Quand vos cours ont-ils lieu? Que faites-vous après les cours? etc.

_____
_____
_____
_____
_____
_____
_____
_____

Chapitre 1

Nom _____ Date _____

2. Où et quand préférez-vous étudier?

_____
_____
_____
_____
_____

3. Comment réagissez-vous quand vous devez passer un examen? quand vous avez une dissertation à écrire?

_____
_____
_____
_____
_____
_____

Maintenant, écrivez un autoportrait de deux paragraphes.

C Votre université: la meilleure du monde? On vous demande de défendre votre université et d'expliquer pourquoi vous la considérez comme la meilleure université du monde. Ecrivez deux paragraphes dans lesquels vous expliquez:

1. pourquoi vous avez choisi cette université
2. ce qu'elle offre qui la distingue de toutes les autres

> **SYSTÈME-D**
> **Grammar:** Present tense; comparison
> **Vocabulary:** Comparing and distinguishing; linking ideas
> **Phrases:** University

16 Cahier d'exercices écrits

Les jeunes

Chapitre 2

http://slv.heinle.com

Vocabulaire

Entraînement

A Les antonymes. Dans les listes de vocabulaire A et B de votre manuel, trouvez l'antonyme (le contraire) de chacun des mots suivants.

1. teint clair — *teint basané*
2. gros — *maigre*
3. bronzé — *pâle*
4. cheveux fins — *cheveux épais*
5. endormi — *éveillé*
6. doux — *dur*
7. sympathique — *désagréable*
8. dynamique — *paresseux*
9. indiscret — *discret*
10. tendu — *décontracté*

✔ Vérifiez vos réponses, page 177.

B Définitions. Dans les listes de vocabulaire A et B de votre manuel, trouvez les adjectifs qui correspondent aux définitions suivantes. Mettez la forme masculine.

1. qui n'a plus ou presque plus de cheveux — *être chauve*
2. qui s'amuse ou rit aux dépens des autres
3. qui a de grosses joues
4. qui s'exprime ouvertement
5. qui évite de faire des efforts
6. qui sait se tirer facilement d'une situation difficile — *débrouillard*

✔ Vérifiez vos réponses, page 177.

Nom _____ Date _____

C Les verbes et les adjectifs. Dans les listes A et B de vocabulaire de votre manuel, trouvez les adjectifs qui correspondent aux verbes de la liste suivante. Mettez la forme masculine de l'adjectif.

1. maigrir — maigre
2. grossir — gros
3. se débrouiller — débrouille
4. teindre — teint
5. pâlir — pâle
6. rouspéter — rouspéteur
7. s'éveiller — éveillé
8. pincer — pincé
9. friser — frisés
10. embellir — beau

✔ *Vérifiez vos réponses, page 177.*

D Les vêtements. Regardez les dessins suivants et identifiez tous les vêtements indiqués. N'oubliez pas d'ajouter l'article indéfini convenable.

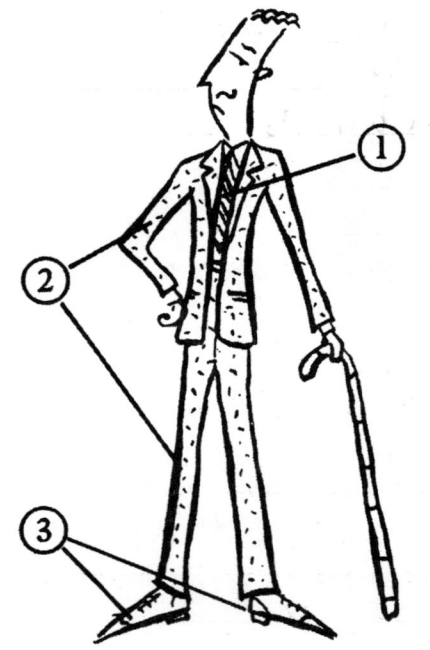

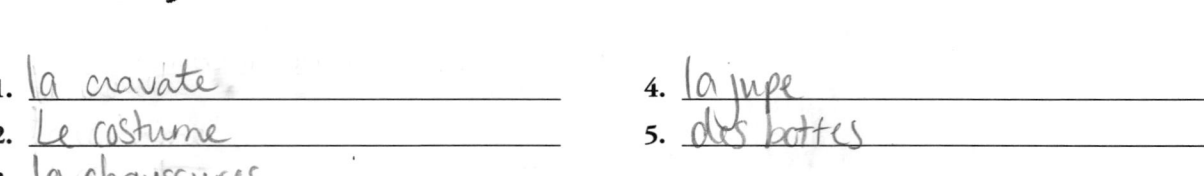

1. la cravate
2. le costume
3. la chaussures
4. la jupe
5. des bottes

18 Cahier d'exercices écrits

Nom _____ Date _____

6. _le chapeau_
7. _la robe_
8. _le tee-shirt_
9. _le jean_
10. _les baskets_

✔ *Vérifiez vos réponses, page 177.*

E La tenue qui convient. Remplissez les blancs avec les mots convenables de la liste C de vocabulaire dans votre manuel.

1. Quand on va nager, on se met en _maillot de bain_.
2. Pour faire du jogging, on met souvent un _short_ et un _tee-shirt_.
3. Quand il pleut, il vaut mieux porter un _imperméable_.
4. Les adultes sont parfois choqués par les _piercing_ ou les _tatouage_ des jeunes et ils se demandent si cela ne fait pas trop mal.
5. Aujourd'hui, beaucoup de jeunes hommes portent une _boucle d'oreilles_, mais autrefois ce n'était que les femmes qui en portaient.
6. Quand on roule à moto, un _blouson en cuir_ est un vêtement pratique à cause du froid ou du vent.

✔ *Vérifiez vos réponses, page 177.*

Chapitre 2 **19**

Nom _____ Date _____

Développement

F L'idéal. Choisissez des adjectifs ou expressions de chaque liste de vocabulaire du chapitre (A: Le corps; B: Le caractère; C: Les vêtements et les accessoires; D: Activités et passe-temps quotidiens) pour compléter les descriptions ci-dessous.

Modèle: Un grand-père idéal serait **gentil et décontracté** mais il ne serait pas **dur ni insensible**. Il aurait **une grande barbe blanche** mais il n'aurait pas **les lèvres pincées**. Il porterait **un pull et un jean** et ne mettrait jamais **de costume**. Il passerait son temps à **jouer de la guitare** et ne voudrait jamais **faire d'aérobic**.

1. Mon (Ma) partenaire parfait(e) serait _franc et débrouillard_ mais il (elle) ne serait pas _désagréable ni paresseux_.
   Il (Elle) aurait _les cheveux courts et une barbe_ mais n'aurait pas _la tête rasée ni le visage joufflu_.
   Il (Elle) porterait _le tee-shirt, la veste, et le jean délavé_ mais ne mettrait jamais _les vêtements sales_.
   Il (Elle) passerait son temps à _jouer dans un groupe musical_ mais ne voudrait jamais _jouer à des jeux vidéo_.

2. Une mère idéale serait _sensible et gentille_ mais elle ne serait jamais _dur ni rouspéteuse_.
   Elle aurait _le visage jolie_ mais n'aurait pas _les cheveux ébouriffés_.
   Elle porterait _le tailleur et le vernis à ongles_ mais ne mettrait jamais _au nombril_.
   Elle passerait son temps avec ses enfants à _faire des courses_ mais ne voudrait jamais _faire de l'aérobic_.

3. Un professeur idéal serait _intelligent et sympa_ mais il ne serait jamais _impoli_.
   Il aurait _le gentil visage_ mais n'aurait pas _un bouc_.
   Il mettrait _la chemise et le pantalon_ mais ne porterait jamais _le jean délavé_.
   Il passerait son temps à _faire du jogging_ mais n'aurait jamais envie de _dans un groupe musical_.

Cahier d'exercices écrits

Nom _____ Date 9/10/08

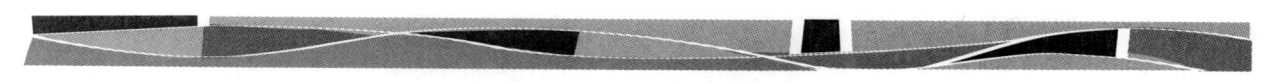

Structures

I Verb review

A Toujours la même chose! Robert raconte ce qui se passe dans son cours de français. Remplissez les blancs du paragraphe suivant avec la forme qui convient des verbes **décrire** ou **s'asseoir**. Attention aux temps **(présent, futur, imparfait, passé composé)** et au mode **(infinitif, impératif)** des verbes. Notez que le prof vouvoie (dit «vous» à) ses étudiants.

Tous les jours dans mon cours de français, je __m'assieds__ au dernier rang mais quand le prof arrive, il me dit: «__Asseyez-vous__ devant moi.» Puis il commence en disant: «Robert, vous avez étudié les adjectifs, n'est-ce pas? Alors, __décrivez__ une camarade de classe. La personne que vous __décrivez__ se lèvera dès qu'elle se sera reconnue. Puis elle __décrira__ un ou une autre camarade de classe et __s'assiéra__.» Alors, on a commencé, nous __avons décrit__ quelqu'un dans la classe, nous nous sommes levés, puis nous __nous sommes assis__. Philippe, qui est un peu malicieux, a décidé de __décrire__ le prof. Pendant qu'il le __décrivait__, le prof a commencé à rire et a changé d'activité. Heureusement!

✓ *Vérifiez vos réponses, page 177.*

II Descriptive adjectives

Entraînement

B Nicole et ses copains Thierry et Sylvie. Complétez les descriptions de Nicole et de ses copains en utilisant la forme correcte de l'adjectif entre parenthèses. N'oubliez pas que c'est Nicole qui parle!

1. Ma __meilleure__ (meilleur) copine à la fac est Sylvie Benoît, et nous avons un __nouvel__ (nouveau) ami qui s'appelle Thierry. Nous avons tous les trois la même passion pour les discussions __intellectuelles__ (intellectuel), mais autrement nous sommes très __différents__ (différent).

✓ *Vérifiez vos réponses, page 177.*

2. Sylvie, par exemple, est __grande__ (grand), __blonde__ (blond) et toujours bien __coiffée__ (coiffé). Elle est __sportive__ (sportif) et très __bavarde__ (bavard). Dans ses rapports avec les autres, elle est toujours __ouverte__ (ouvert) et __chaleureuse__ (chaleureux). Les profs la trouvent très __travailleuse__ (travailleur) et ses études ne la rendent jamais __inquiète__ (inquiet).

✓ *Vérifiez vos réponses, page 177.*

Chapitre 2   **21**

Nom _____ Date _____

3. Thierry, lui, est __petit__ (petit), un peu __gros__ (gros) et il n'aime pas le sport. Il est __musicien__ (musicien) et il passe son temps libre à jouer de la guitare. Il est très __décontracté__ (décontracté) dans sa façon de s'habiller et dans son comportement. Cette année, il a les cheveux __longs__ (long) et __ondulés__ (ondulé), mais l'année __dernière__ (dernier), il avait la tête __rasée__ (rasé). Ses vêtements __favoris__ (favori) sont des bottes __noires__ (noir) et une __vieille__ (vieux) casquette de base-ball. Les profs le trouvent __aimable__ (aimable), mais un tout petit peu __paresseux__ (paresseux).

✔ Vérifiez vos réponses, page 177.

4. Moi, je comprends bien son attitude, parce que je ne travaille pas bien non plus si la matière n'est pas __intéressante__ (intéressant). Heureusement, mes profs me trouvent __intelligente__ (intelligent) et __consciencieuse__ (consciencieux). Quand je suis avec mes copains, je me sens toujours __gaie__ (gai) et j'essaie d'être __polie__ (poli), __patiente__ (patient) et __franche__ (franc) avec tout le monde. Je suis __brune__ (brun) et de taille __moyenne__ (moyen). J'aime aussi la musique, et quand Thierry joue de la guitare, je l'accompagne souvent comme chanteuse.

✔ Vérifiez vos réponses, page 177.

5. J'ai de la chance d'avoir deux amis si __loyaux__ (loyal). Nous sommes toujours ensemble, et après de __longues__ (long) semaines de travail __dur__ (dur), nous nous amusons bien à faire des choses un peu __folles__ (fou) quand les vacances arrivent. A Noël, pendant une semaine __merveilleuse__ (merveilleux) passée en Angleterre, nous avons décidé de mettre chaque jour des vêtements semblables et de la même couleur: lundi, c'était des pullovers __bleus__ (bleu); mardi, des pantalons __marron__ (marron); mercredi, des écharpes __violettes__ (violet); jeudi, des vestes __orange__ (orange); et vendredi, des chemises __blanches__ (blanc). Ce sont des jeux __banals__ (banal), bien sûr, mais qui nous détendent énormément!

✔ Vérifiez vos réponses, page 177.

C Nicole chez elle. Que pense Nicole de sa famille? Complétez les descriptions en mettant le nom et l'adjectif entre parenthèses à la forme et à la place qui conviennent. Ajoutez **et,** si nécessaire.

J'ai une __famille exceptionnelle__ (famille / exceptionnel). Ma grand-mère, une __petite vieille dame__ (dame / petit / vieux) aux __cheveux blancs__ (cheveux / blanc), est une __ancienne prof__ (prof / ancien) de maths. Son fils, mon père, est un __homme grand et robuste__ (homme / grand / robuste). Il a une __belle voix forte__ (voix / beau / fort) et il chante professionnellement. Ma mère Catherine, un __médecin brillant__

22 Cahier d'exercices écrits

Nom _____ Date _____

(médecin / brillant), est la __première personne__ (personne / premier) de sa famille à exercer une profession. C'est une __femme fière__ (femme / fier) de ses __parents pauvres__ (parents / pauvre) et de ses __chers enfants ambitieux__ (enfants / cher / ambitieux). Mon frère fait actuellement des __études supérieures__ (études / supérieur) de sciences politiques, et moi, je rêve de devenir une __journaliste indépendante__ (journaliste / indépendant) et de pouvoir voyager dans des __pays étrangers__ (pays / étranger).

✓ *Vérifiez vos réponses, page 177.*

Développement

D Comment est votre famille? Choisissez deux personnes (un homme et une femme) de votre famille et décrivez leur apparence physique en donnant beaucoup de détails.

Modèle: Ma sœur est très petite mais elle est forte. Elle a les cheveux courts et ébouriffés parce qu'elle n'aime pas se coiffer. L'été, elle met des shorts et des tee-shirts et elle porte des sandales. L'hiver, elle s'habille en jean et en pull. Elle ne s'intéresse pas du tout à la mode. Nous nous entendons bien et je la trouve très sympa.

1. Ma grand-mère est très gentille et douce.

2. _____

E Et vous? Faites votre portrait physique et moral en donnant beaucoup de détails. Ecrivez un paragraphe d'au moins cinq phrases.

J'ai les cheveux longs, épais, ébouriffés, et marrons. J'ai le visage ovale avec le nez droit et les lèvres épaisses. Je suis bronzée mais j'ai des taches de rousseur dans [summer]. Je suis très franche. Je suis malicieuse mais sympa et débrouillarde.

Chapitre 2

Nom _____ Date _____

III Comparative and superlative of adjectives

Entraînement

F La France et l'Algérie. Un jeune Algérien, Madjid, explique ses impressions de la vie et des jeunes en France et les compare à la vie et aux jeunes gens dans son pays. Complétez ses commentaires en formant des phrases comparatives à l'aide des éléments indiqués. Faites les changements nécessaires.

Modèle: la religion en France / être / (–) important / en Algérie
La religion en France est moins importante qu'en Algérie.

1. les Arabes / être / (+) chaleureux / les Français
   Les Arabes sont plus chaleureux que les Français

2. l'école en Algérie / être / (–) difficile / l'école en France
   L'école en Algérie est moins difficile que l'école en France

3. les Algériennes / être / (=) beau / les Françaises
   Les Algériennes sont aussi belles que les Françaises

4. les jeunes Français / être / (–) obéissant / les jeunes Algériens
   Les jeunes Français sont moins obéissants que les jeunes Algériens

5. la cuisine en Algérie / être / (+) bon / la cuisine française
   La cuisine en Algérie est plus bonne que la cuisine française (meilleure?)

6. la politique en France / être / (–) dangereux / la politique chez moi
   La politique en France est moins dangereuse que la politique chez moi.

✓ Vérifiez vos réponses, page 177.

G Ils sont extraordinaires. Madjid parle avec fierté et humour de sa famille. Utilisez les éléments donnés pour former des phrases à la forme superlative (de supériorité). Faites les changements nécessaires.

Modèle: Mon petit frère / être / paresseux / tous les enfants
Mon petit frère est le plus paresseux de tous les enfants.

1. ma grand-mère / être / gentil / grand-mère / le monde
   Ma grand-mère est plus gentille grand-mère du le monde

2. je / avoir / le frère / débrouillard
   J'ai le frère le plus débrouillard.

3. ma mère / faire / bon / couscous (m.) / la famille
   Ma mère fait la meilleure couscous de la famille

24 Cahier d'exercices écrits

4. mes cousines / être / filles / bavard / le pays

   Mes cousines sont les filles le plus bavards du pays.

5. et moi, je / être / fils / intelligent / la famille

   Et moi, j'ai le fils le plus intelligente de la famille.

✔ *Vérifiez vos réponses, page 177.*

Développement

H A votre avis. Comparez les sujets suivants selon votre point de vue en écrivant des phrases comparatives. Variez les expressions.

   Modèle: les jeux vidéo / le tennis
   Je trouve que le tennis est plus intéressant que les jeux vidéo. OU:
   Il faut être plus sportif pour jouer au tennis que pour jouer aux jeux vidéo.

1. la musique classique / la musique techno

2. le football / le basket-ball

3. la cuisine française / la cuisine chinoise

4. le système éducatif dans votre pays / le système éducatif en France

5. le français / une autre langue étrangère *(au choix)*

I La publicité. Vous savez qu'on exagère souvent dans la publicité. Ecrivez des slogans publicitaires pour les produits suivants en utilisant des superlatifs (de supériorité ou d'infériorité).

   Modèle: un nouveau CD d'un groupe
   C'est leur CD le plus révolutionnaire.

1. une voiture

2. un chanteur

3. des baskets

4. un vernis à ongles

5. un jeu vidéo

Nom _____ Date _____

IV Tout

Entraînement

J Piercings et tatouages. Sophie, 17 ans, parle de l'attitude de ses parents et des idées de ses amis. Remplissez les blancs avec la forme de **tout** qui convient.

Mes parents sont super. Ils me soutiennent dans _toutes_ mes décisions et me laissent faire _tout_ ce que je veux. Ils me font confiance depuis ma _toute_ petite enfance. _Tous_ leurs amis pensent que _toutes_ les filles qui ont des piercings sont folles. Dans notre bande de copains, _tout_ le monde a des boucles d'oreilles ou des piercings au nez, mais _tous_ sont sérieux et travaillent bien à l'école. Ils voudraient _tous_ se faire tatouer, mais discrètement, puisqu'ils savent qu'ils auront ces tatouages _toute_ leur vie. Cela m'intéresse aussi mais je ne sais pas si je voudrais avoir des dessins sur _tout_ le corps.

✔ *Vérifiez vos réponses, page 178.*

Développement

K En quoi les étudiant(e)s se ressemblent-ils (elles)? La plupart des étudiant(e)s préfèrent ne pas être exactement comme les autres, mais on remarque toujours, sur un campus américain, des vêtements, des activités, même des cours que *tout le monde* semble préférer. En quoi les étudiant(e)s de votre université se ressemblent-ils (elles)? Afin de mettre en relief le fait que tout le monde fait ou aime la même chose, employez **tout** à la forme qui convient dans chacune de vos phrases.

Modèle: Tous préfèrent des cours à onze heures du matin.

1. _____
2. _____
3. _____
4. _____
5. _____

V Interrogatives

Entraînement

L La maman embêtante. Marie-Laure prend le petit déjeuner avec sa mère qui lui pose trop de questions. Remplissez les blancs avec le pronom interrogatif convenable (**qui, quoi, que, qu'est-ce que, qu'est-ce qui, lequel,** etc.)

1. MAMAN: Chez _qui_ es-tu allée hier soir?
   MARIE-LAURE: Chez Catherine.
2. MAMAN: _Qu'est-ce que_ tu as mis?
   MARIE-LAURE: Mon vieux pull et un jean.

26 Cahier d'exercices écrits

3. MAMAN: _Lequel_ de tes pulls, le bleu ou le noir?

MARIE-LAURE: Tu sais bien que j'ai jeté le bleu.

4. MAMAN: _Qu'_ avez-vous fait, toutes les deux?

MARIE-LAURE: Nous sommes allées au cinéma avec deux copains.

5. MAMAN: Avec _qui_?

MARIE-LAURE: Avec Robert et Paul, tu ne les connais pas.

6. MAMAN: _Qu'est-ce qui_ s'est passé après?

MARIE-LAURE: Nous avons pris un café.

7. MAMAN: De _qui_ avez-vous parlé?

MARIE-LAURE: Ecoute, maman! Tu m'embêtes avec tes questions. Et toi, _qu'est-ce que_ tu as fait hier?

8. MAMAN: J'ai écrit à tes cousins pour les inviter le week-end prochain.

MARIE-LAURE: A mes cousins? _Lesquels_? J'en ai au moins dix.

MAMAN: A ceux qui habitent Toulouse. Ce sont tes cousins préférés, n'est-ce pas?

MARIE-LAURE: Tu as raison. Je suis bien contente qu'ils viennent. Bon, je pars en cours. Bonne journée, maman.

✔ *Vérifiez vos réponses, page 178.*

Ⓜ Quelles questions! Stéphane (10 ans), le petit frère de Paul (19 ans), vient de recevoir un cadeau: un téléphone portable. Maintenant il téléphone tout le temps à son frère. Vous êtes au café avec Paul, alors vous n'entendez que ses réponses. Trouvez les questions de Stéphane. Attention: **tu** ou **vous**?

Modèle: STÉPHANE: **Qu'est-ce que tu manges?**
PAUL: Je mange un sandwich.

1. STÉPHANE: _____

PAUL: Je suis au café.

2. STÉPHANE: _____

PAUL: Nous sommes au Café de la Poste, à côté du lycée.

3. STÉPHANE: _____

PAUL: Avec mes amis.

4. STÉPHANE: _____

PAUL: Nous discutons.

5. STÉPHANE: _____

PAUL: Nous parlons de l'élection présidentielle.

6. STÉPHANE: _____

PAUL: Moi, je bois un coca mais Robert a pris un demi.

7. STÉPHANE: _____

PAUL: Je vais rentrer à 7 heures.

8. STÉPHANE: _____

PAUL: Je n'ai plus envie de parler parce que ça coûte trop cher.

Nom _____ Date _____

9. STÉPHANE: _____

PAUL: Ce soir? Je dois préparer mes cours pour demain. Au revoir.

✔ *Vérifiez vos réponses, page 178.*

Développement

N Le grand départ. Votre petit frère (ou petite sœur) part pour l'université et s'inquiète un peu. Ecrivez cinq questions logiques qu'il (elle) vous pose. Attention: **tu** ou **vous**?

1. _____
2. _____
3. _____
4. _____
5. _____

O Le sondage. Vous voulez écrire un article pour le journal de votre université sur les jeunes de votre âge en France. Vous préparez sept questions à poser à des étudiants français. Soyez logique!

1. _____
2. _____
3. _____
4. _____
5. _____
6. _____
7. _____

VI *Il (Elle) est* vs. *C'est*

> **Rappel** Remember that **il (elle) est** is generally followed by an adjective whereas **c'est** is generally followed by a modified noun (a noun accompanied by an article or an adjective).

Entraînement

P Des contrastes. Tous les jours à Paris, deux jeunes personnes se voient dans le métro, mais ne se parlent jamais. Pourquoi? Pour trouver la réponse à cette question, lisez les paragraphes suivants et insérez dans les blancs la forme de **il (elle) est** ou **c'est**.

Yamina a 18 ans. _Elle est_ tunisienne, mais ses parents se sont installés en France juste après sa naissance. Elle habite en banlieue, à Sèvres. _C'est_ une fille qui aime les vêtements chic et qui passe beaucoup de temps dans les boutiques de la rive gauche. Son père lui donne tout l'argent qu'elle veut pour ses achats parce que (qu') _qu'il est_ riche. _C'est_ un médecin très célèbre.

28 Cahier d'exercices écrits

Nom _____ Date _____

Jean a 19 ans. __C'est__ un Français qui vient de Concarneau, en Bretagne. __Il est__ évident que Jean ne passe pas son temps à courir les boutiques. Il porte toujours un jean délavé, un blouson en cuir et des bottes mexicaines. __Il est__ garagiste et il ne gagne pas beaucoup d'argent. __Ce n'est pas__ (ne pas) un travail qui l'intéresse, mais __il est__ content de l'avoir. Beaucoup de ses amis sont au chômage *(out of work)*.

✔ *Vérifiez vos réponses, page 178.*

Développement

Q Mon voisin est étrange. Imaginez un voisin qui est un peu bizarre. Pour le décrire, répondez aux questions. Utilisez **il est** ou **c'est,** selon le cas, dans vos réponses.

1. Quelle est sa nationalité?
   _____

2. Et sa profession?
   _____

3. Décrivez son apparence.
   _____
   _____

4. Et son caractère?
   _____
   _____

Expression

A A qui ressemblez-vous? Physiquement, avez-vous plutôt les caractéristiques de votre mère, de votre père, d'un de vos grands-parents, d'un oncle ou d'une tante? Expliquez en quoi vous ressemblez à cette personne. En ce qui concerne votre caractère, ressemblez-vous aussi à cette personne? En quoi? Sinon, ressemblez-vous à quelqu'un d'autre dans votre famille?

Ecrivez deux paragraphes: le premier sur l'apparence, le deuxième sur le caractère.

> **SYSTÈME-D**
> **Grammar:** Adjective agreement; adverb formation; present tense
> **Vocabulary:** Describing people; comparing and contrasting
> **Phrases:** Face; body; family members; clothing

Chapitre 2   **29**

Nom _____ Date _____

B L'inconnu(e). Allez faire une promenade. Parmi les personnes inconnues que vous voyez, décrivez celle qui vous semble la plus intéressante et expliquez pourquoi. Essayez d'imaginer le caractère de cette personne, en vous basant sur son apparence physique et sur sa façon d'agir.

> **SYSTÈME-D**
> **Grammar:** Adjective agreement; present tense
> **Vocabulary:** Describing people; comparing and contrasting
> **Phrases:** Face; body; hair colors; body (gestures)

Ecrivez trois paragraphes:

1. Dites où vous êtes, ce que vous faites et pourquoi vous avez choisi la personne que vous allez décrire.
2. Décrivez l'apparence de l'inconnu(e).
3. Imaginez son caractère.

C La mode et vous. Quel rôle la mode joue-t-elle dans votre vie? Voulez-vous ressembler aux autres jeunes gens que vous fréquentez ou êtes-vous plutôt individualiste? Avant d'écrire, répondez aux questions suivantes.

> **SYSTÈME-D**
> **Grammar:** Present tense
> **Vocabulary:** Expressing opinion or preference
> **Phrases:** Clothing; money

1. Achetez-vous souvent des vêtements?
   _____

2. Achetez-vous uniquement vos vêtements en solde?
   _____

3. Quel pourcentage de votre budget dépensez-vous pour vos vêtements?
   _____

4. Comment décidez-vous quels vêtements acheter?
   _____

5. Suivez-vous un régime? Pourquoi?
   _____

6. Faites-vous de l'exercice régulièrement? Lequel? Pourquoi?
   _____

7. Changez-vous souvent de coiffure?
   _____

Maintenant, en vous basant sur vos réponses, écrivez deux paragraphes sur votre attitude envers la mode.

Chapitre 3

Les immigrés

🌐 http://slv.heinle.com

Vocabulaire

Entraînement

A Présent ou passé? Pour chacune des phrases suivantes, choisissez une expression de temps, puis placez-la à l'endroit approprié.

Modèle: 　　Maintenant
　　　　∧ Les jeunes Français apprécient la musique nord-africaine.

à cette époque-là / à notre époque / actuellement / de nos jours / hier / il y a plusieurs années / maintenant

1. Tahar est arrivé du Maroc.
2. Maria travaille à Bordeaux.
3. Le gouvernement encourageait l'immigration.
4. L'islam est la deuxième religion en France.
5. On a changé les lois sur l'immigration.
6. Le taux de chômage continue à être trop élevé.

✔ *Vérifiez vos réponses, page 178.*

B Les verbes et les noms. Dans les listes de vocabulaire de votre manuel, trouvez les noms qui sont de la même famille que les verbes suivants. Mettez l'article défini.

1. entretenir _____
2. préjuger _____
3. tolérer _____
4. travailler _____
5. employer _____
6. séjourner _____
7. entreprendre _____

✔ *Vérifiez vos réponses, page 178.*

Nom _____ Date _____

C Des définitions. Dans les listes de vocabulaire B et C de votre manuel, trouvez les mots qui correspondent aux définitions suivantes. Mettez l'article défini pour les noms.

1. donner l'hospitalité à quelqu'un _____
2. document nécessaire pour voyager à l'étranger _____
3. demander humblement qu'on vous donne quelque chose _____
4. personne de la classe moyenne et dirigeante _____
5. groupement humain caractérisé par une même culture, une même langue _____
6. personne qui quitte le pays où elle est née pour s'établir dans un autre pays _____
7. pièces d'identité _____
8. théorie fondée sur l'idée de la supériorité de certaines races _____
9. personne qui n'a ni maison ni appartement _____
10. personne qui n'a pas de travail _____

✔ *Vérifiez vos réponses, page 178.*

D La vie active. Dans le paragraphe suivant, remplissez les blancs avec les verbes de la liste. Faites les changements nécessaires.

embaucher / entreprise / gagner sa vie / licencier

A la fin de leurs études, les étudiants cherchent un emploi pour pouvoir _____.
D'abord ils doivent trouver un employeur qui va les _____. D'habitude, si leur patron est satisfait de leur travail, il ne les _____ pas et ils peuvent acquérir de l'expérience dans _____.

✔ *Vérifiez vos réponses, page 178.*

E Qu'est-ce que c'est? Dans les listes de vocabulaire C et D de votre manuel, trouvez les mots ou les expressions qui correspondent aux situations suivantes.

1. Les ouvriers refusent de travailler. Ils _____.
2. Vous préparez une lettre pour expliquer vos qualifications pour un poste. Vous écrivez _____.
3. Vous servez des repas dans une soupe populaire *(soup kitchen)*. Vous travaillez comme _____.
4. Vous avez perdu votre emploi. Vous êtes _____.
5. Ces gens dorment souvent dans la rue. Ce sont des _____.

✔ *Vérifiez vos réponses, page 178.*

32 Cahier d'exercices écrits

Nom _____ Date _____

Développement

F Oui ou non? Êtes-vous d'accord avec les déclarations suivantes? Expliquez votre point de vue.

1. Notre pays devrait accueillir des immigrés.

2. Les sans-papiers ne sont pas des criminels.

3. Mendier devrait être interdit *(forbidden)*.

4. Le chômage est un problème important dans la région où j'habite.

G Pour travailler. Finissez le paragraphe (au présent) pour expliquer à un enfant de dix ans ce que l'on fait pour trouver du travail. Utilisez **tu** et les expressions **d'abord, puis, ensuite, enfin,** etc. pour situer les actions dans le temps.

D'abord tu cherches un poste. Tu lis peut-être les petites annonces et tu parles à tes parents et à tes amis.

Puis _____

Chapitre 3

Structures

I. Verb review

A L'accueil. Remplissez les blancs avec les formes du verbe **accueillir** qui conviennent. *Attention:* **présent** ou **passé**, **verbe conjugué** ou **infinitif**?

Nous devons faire davantage pour _____ les immigrés. Si nous les

_____ bien, ils s'intègreront plus facilement dans notre société. Par exemple, on

n'_____ pas toujours très chaleureusement les immigrants hispaniques, qui veulent

pourtant apprendre l'anglais et travailler chez nous. Quand on pense à la façon dont les premiers colons

_____ ceux qui sont venus après eux, on voit que rien n'a changé.

    Mais, si moi, j'_____ un étranger et si je lui souhaite la bienvenue, et si vous,

vous en _____ un aussi, tout ira mieux.

✔ *Vérifiez vos réponses, page 178.*

II. *Passé composé*

Entraînement

B Un nouveau pays. Un jeune médecin d'origine vietnamienne mais né en France raconte son histoire. Mettez les verbes conjugués dans le passage au **passé composé.** Attention aux auxiliaires et aux accords.

Vers la fin des années 50, ma mère vient en France où elle passe le baccalauréat.

_____

Puis elle fait des études de médecine et rentre au Viêt Nam. Là, elle travaille dans un

_____

hôpital où elle connaît mon père. Ils se marient mais ils doivent bientôt quitter leur pays

_____

à cause de la guerre. Ils s'installent à Lyon où je nais. Nous vivons en France et là, je vais

_____

à l'école, mais j'apprends le vietnamien à la maison. Pendant mon enfance, je m'intéresse

_____

beaucoup à mes origines vietnamiennes, mais quand je commence mes études de

_____

médecine, je n'y pense presque plus. Comme mes parents, je deviens médecin.

_____

Mon père meurt en 1988 et ma mère décide de retourner dans son pays. Nous y

_____

34   Cahier d'exercices écrits

Nom _____ Date _____

voyageons ensemble et j'y découvre une toute autre façon de vivre qui me plaît

énormément. Je reste dans le pays de mes ancêtres où une clinique m'embauche.

✔ *Vérifiez vos réponses, page 178.*

C La fin de la guerre. Remplissez les blancs dans le paragraphe suivant avec les verbes de la liste qui conviennent, au **passé composé**. Faites les accords nécessaires. Chaque verbe n'est utilisé qu'une seule fois.

quitter / s'établir / obtenir / aider / s'intégrer / venir

En 1962, après une lutte de huit ans, l'Algérie _____ son indépendance. Plus d'un million de Français _____ l'ancienne colonie et _____ en France à nouveau, surtout dans le Midi. Le gouvernement les _____ et petit à petit, ils _____ à la vie en France. Beaucoup d'Algériens _____ en France aussi, à la recherche d'un emploi.

✔ *Vérifiez vos réponses, page 178.*

Développement

D Leur histoire. Ecrivez l'histoire de ces différents groupes ethniques lors de la création de l'Amérique, en utilisant les verbes et les expressions donnés. Vous pouvez ajouter des détails et utiliser d'autres verbes, si vous voulez. Utilisez le **passé composé**.

Modèle: Les Allemands: arriver / s'établir / construire / se marier / parler
Les Allemands sont arrivés au dix-huitième siècle. Ils se sont établis en Pennsylvanie où ils ont construit leurs maisons, leurs églises et leurs écoles. Certains se sont mariés avec des Anglaises et ont commencé à parler anglais. D'autres ont continué à parler allemand.

1. Les premiers colons anglais: quitter / voyager / arriver / faire froid / rencontrer / partager / ??

_____
_____
_____
_____

2. Les Amérindiens: vivre / chasser / cultiver / rencontrer / s'entendre / se battre (avec) / ??

_____
_____
_____
_____
_____

Chapitre 3   **35**

3. Les Espagnols: arriver / chercher / explorer / rencontrer / conquérir / convertir / ??

___

4. Les Africains: vivre / partir / souffrir / mourir / travailler / essayer / s'échapper / trouver / ??

___

III Imperfect

Entraînement

E De Gaulle et l'Algérie. Remplissez les blancs dans le paragraphe suivant avec les verbes de la liste qui conviennent, à l'**imparfait**. Chaque verbe n'est utilisé qu'une seule fois.

aimer / s'opposer / avoir / faire / être / vouloir

Quand mon père _____ vingt ans, il _____ soldat en Algérie. Il ne _____ pas cette guerre horrible qui _____ tant souffrir la France et sa colonie. Le président Charles de Gaulle, devenu chef d'état en 1958, _____ mettre fin aux combats et donner l'indépendance à l'Algérie, mais beaucoup d'officiers _____ à la décolonisation.

✔ *Vérifiez vos réponses, page 178.*

F La vie de Saba à Nightingale. Dans cet extrait de l'histoire de Saba (dont vous avez une plus grande partie dans votre manuel), la jeune fille décrit son enfance avec ses parents adoptifs. Mettez son récit à l'**imparfait**.

Tout est simple et facile. Je suis Saba, c'est mon nom depuis ma naissance, et ma famille,

___

c'est Monsieur et Madame Herschel. Je vais à l'école de Mehdia où il y a des enfants de

___

soldats américains, des Français et des Arabes. On parle dans n'importe quelle langue. Ça

___

ne m'intéresse pas beaucoup. Ce que j'aime, c'est cette grande maison.

___

✔ *Vérifiez vos réponses, page 179.*

36 Cahier d'exercices écrits

Nom _____ Date _____

Développement

G Un nouveau pays. Mettez-vous à la place d'un adolescent (d'une adolescente) de 15 ans dont les parents ont émigré au Togo (en Afrique occidentale). Comparez votre vie actuelle en Afrique avec votre ancienne vie aux Etats-Unis. Utilisez **l'imparfait** et des expressions de temps variées.

Modèle: la langue
Maintenant, j'apprends à parler français. Avant, je ne parlais qu'anglais.

1. à l'école

2. mes amis et moi

3. la télévision

4. le climat

5. les distractions

H Leur passé. Imaginez la vie des personnes suivantes à l'âge indiqué. Comment était leur vie? Où vivaient-elles? Que faisaient-elles? Utilisez **l'imparfait.**

1. votre grand-père à 18 ans

2. votre mère à 12 ans

3. votre meilleur(e) ami(e) à 5 ans

4. votre professeur de français à 10 ans

5. une personne au choix

Chapitre 3   37

IV Passé composé vs. imperfect

Entraînement

I Le passé de mes parents. Remplissez les blancs du paragraphe suivant avec les verbes de la liste, à l'**imparfait** ou au **passé composé**. Faites les accords nécessaires. Chaque verbe n'est utilisé qu'une seule fois.

finir / reprendre / naître / avoir / travailler / se connaître / se marier / être

Mon père est revenu à Paris quand il _____ son service militaire. Alors, il _____ ses études. Ma mère, qui _____ dans un restaurant, _____ 18 ans quand ils _____. Ils _____ tous les deux très pauvres, mais ils _____ quand même. Moi, leur fille aînée, je _____ deux ans après leur mariage.

✔ *Vérifiez vos réponses, page 179.*

J Un ouvrier immigré raconte. Remplissez les blancs avec les verbes de la liste, à l'**imparfait** ou au **passé composé**. Faites les accords nécessaires. Chaque verbe n'est utilisé qu'une seule fois.

arriver / ne pas avoir / devoir / être / faire / pleuvoir / ne pas pouvoir / ne pas savoir / tomber / trouver / venir

Je _____ laisser toute ma famille au Maroc, alors quand je _____ en France, je _____ triste. Au début, je _____ manger parce que je _____ beaucoup d'argent, et je _____ si je trouverais du travail. A Paris, il _____ froid et il _____ presque toujours; je _____ malade. Après quelques mois, je _____ un poste et finalement ma femme et nos enfants _____ me rejoindre.

✔ *Vérifiez vos réponses, page 179.*

Développement

K Des moments dont on se souvient. Finissez les phrases de façon logique. Attention aux temps du passé.

1. Quand je suis allé(e) à l'école pour la première fois, je _____
   _____.

2. Quand j'ai eu 16 ans, mes amis et moi _____
   _____.

3. Quand j'ai eu mon permis de conduire, mes parents _____
   _____.

4. Quand j'ai fait mon premier voyage sans mes parents, je _____
   _____.

5. Quand je suis parti(e) pour l'université, mes amis _____
   _____.

38 Cahier d'exercices écrits

Nom _____ Date _____

L Vous avez de l'expérience? Vous faites une demande d'emploi et vous devez décrire votre dernier emploi. Dans un paragraphe de cinq ou six phrases, décrivez vos tâches et vos responsabilités. Inventez ou exagérez si vous voulez.

_____
_____
_____
_____
_____
_____
_____
_____
_____

V Pluperfect

Entraînement

M Une visite. Un père algérien, qui n'a quitté Paris que rarement, prépare une visite chez son fils, en Normandie. Complétez le paragraphe suivant avec les verbes de la liste au **plus-que-parfait**. Chaque verbe n'est utilisé qu'une seule fois.

acheter / ne jamais aller / étudier / s'installer / trouver

Ali a expliqué à ses amis qu'il _____ en Normandie et qu'il s'inquiétait. Pour ne pas se perdre en route, il _____ une carte routière de la Normandie et il l'_____ le jour avant son départ. Son fils _____ du travail à Rouen, et lui et sa femme _____ dans cette ville.

✔ *Vérifiez vos réponses, page 179.*

N Un nouveau poste. Une jeune femme tunisienne avec une formation d'ingénieur raconte les difficultés qu'elle a eues avec son travail en France. Remplissez les blancs avec les verbes entre parenthèses au **plus-que parfait** pour indiquer ce qui s'était passé avant.

Modèle: Le travail que **j'avais trouvé** était difficile.

1. J'aimais mieux l'entreprise où j'_____ (travailler) quand je venais d'arriver en France.
2. Mais là, on a licencié les employés qui _____ (ne pas recevoir) leur formation en France.
3. Ils ne voulaient pas comprendre que j'_____ (faire) mes études dans une école française avant d'immigrer en France.
4. J'ai ajouté que j'_____ (partir) parce que mes professeurs _____ (dire) qu'il y aurait plus de travail en France.
5. Mon ancien patron m'_____ (expliquer) qu'il le regrettait mais qu'il _____ (ne pas pouvoir) convaincre ses patrons de me garder.

✔ *Vérifiez vos réponses, page 179.*

Chapitre 3 **39**

> **Rappel** A verb that follows a preposition (**pour, sans, avant de, après,** etc.) must be in the infinitive form (see p. 167 of the textbook).
>
> **Avant de venir** en France, elle habitait à Nightingale.
> *Before coming to France (Before she came to France) she lived at Nightingale.*
>
> There are two tenses for the infinitive: present (**quitter, partir**) and past (**avoir quitté, être parti[e][s]**) (see p. 167 of the textbook). The preposition **après** requires the past infinitive. If the verb is conjugated with **être,** the past participle must agree with the subject of the sentence.
>
> **Après être venus** en France, ses parents ont cherché du travail.
> *After they came to France, her parents looked for work.*

VI Past infinitives

Entraînement

O Saba en France. Combinez les deux parties des phrases suivantes en remplaçant le verbe de la première proposition par l'infinitif passé.

Modèle: Ma mère m'a laissée chez les Herschel, puis elle est partie pour la France.
Après m'avoir laissée chez les Herschel, ma mère est partie pour la France.

1. Saba est arrivée chez sa mère, puis elle a appris l'arabe.

2. Elle est tombée malade, puis elle est restée au lit pendant trois semaines.

3. Ses voisins ont aidé sa mère, puis ils sont partis.

4. Les Herschel ont perdu Saba, puis ils sont retournés aux Etats-Unis.

✔ *Vérifiez vos réponses, page 179.*

Développement

P La vie change! Il y a souvent des changements dans la vie: déménagements, fin des études, départ pour l'université, travail, mariage, etc. Transformez le début des phrases, puis finissez-les selon votre expérience personnelle (ou inventez des réponses). **Utilisez le passé.**

Modèle: déménager
Avant de déménager, j'ai cherché un nouvel appartement.
Après avoir déménagé, j'ai acheté un lit.

1. aller au lycée

   Avant de _____.

   Après _____.

40 Cahier d'exercices écrits

Nom _____ Date _____

2. quitter ma famille

Avant de _____.

Après _____.

3. partir pour l'université

Avant de _____.

Après _____.

4. commencer mes cours à l'université

Avant de _____.

Après _____.

5. rencontrer mon (ma) camarade de chambre / mon mari (ma femme) / mon (ma) partenaire

Avant de _____.

Après _____.

6. (une phrase au choix, avec vos propres verbes)

Avant de _____.

Après _____.

SUMMARY: PAST TENSES

Entraînement

Q La famille de Dalila. Mettez les verbes entre parenthèses au temps et à la forme convenables du **passé** (ou utilisez l'**infinitif présent** ou **passé**, selon le cas).

Avant de _____ (venir) en France, son père _____ (être) maçon *(stone mason)* en Algérie. Quelques années auparavant, un de ses frères _____ (quitter) leur village quand il _____ (avoir) quinze ans pour _____ (travailler) à Alger. Un autre _____ (rester) au village et il _____ (s'occuper) des affaires de ceux qui _____ (partir) en France. Son père lui _____ (écrire) régulièrement pour _____ (expliquer) ce qu'il _____ (espérer) pour ses enfants plus tard.

Après _____ (arriver) en France, toute la famille _____ (devoir) _____ (apprendre) à _____ (parler) français. Dalila _____ (comprendre) encore l'arabe, sans le _____ (parler) couramment.

Après _____ (finir) ses études au lycée, elle _____ (vouloir) _____ (retourner) dans son village natal pour travailler comme institutrice.

✔ *Vérifiez vos réponses, page 179.*

Nom _____ Date _____

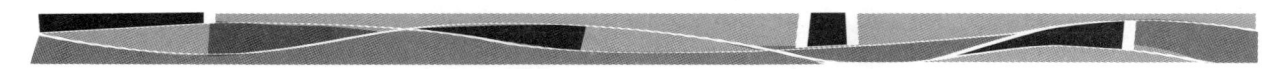

Expression

> **POUR MIEUX RACONTER:** Expressions that mark a sequence of events are helpful when recounting something that has happened.
>
> TO BEGIN: **d'abord, premièrement**
> TO CONTINUE: **puis, ensuite, après, alors** (*if you want to state a result*)
> TO CONCLUDE: **enfin, finalement**

A Les origines de ma famille. La plupart des Nord-Américains ont des ancêtres européens, africains, asiatiques ou amérindiens. Avant de raconter l'histoire (vraie ou inventée) de votre famille (ou d'un de vos ancêtres), répondez aux questions suivantes sous forme de notes. Si vous ne connaissez pas la réponse, inventez une histoire pour votre famille.

SYSTÈME-D
Grammar: Imperfect; compound past tense; pluperfect
Vocabulary: Linking ideas; sequencing events; expressing time relationships
Phrases: Family members; countries; nationality

VOCABULAIRE UTILE
les ancêtres
les aïeux (*forebears, forefathers*)
mon arrière-grand-père (*great-grandfather*)
mon arrière-grand-mère (*great-grandmother*)
mon arrière-arrière-grand-père (*great-great-grandfather*)
mon arrière-arrière-grand-mère (*great-great-grandmother*)

Pour préciser
paternel(le), maternel(le)
du côté de mon père (de ma mère) / du côté paternel (maternel)
(*on my father's / mother's side*)

1. Quand vos ancêtres sont-ils arrivés en Amérique?
   _____

2. D'où sont-ils partis?
   _____

3. Pourquoi sont-ils partis?
   _____

4. Comment ont-ils fait le voyage?
   _____

5. Quel âge avaient-ils quand ils sont arrivés?
   _____

6. Où se sont-ils établis en Amérique?
   _____

7. Qu'est-ce qu'ils y ont fait?
   _____

Nom _____ Date _____

8. Quelle a été leur réaction face à leur nouveau pays?
_____

9. Comment était leur vie pendant leurs premières années en Amérique?
_____

En vous basant sur ces notes, écrivez deux ou trois paragraphes dans lesquels vous racontez l'histoire des origines de votre famille. Utilisez des expressions de temps pour mieux situer les événements.

> **Rappel** The imperfect tense is usually used for describing in the past, for telling *how* things were. For narrating events, telling *what* happened, the **passé composé** is used.

B Retour en arrière. Vous voyagez dans le temps et vous vous retrouvez il y a 150 ans. Décrivez la vie que vous meniez à cette époque. Avant d'écrire votre composition, donnez des mots (noms, verbes, adjectifs, adverbes, etc.) pour répondre à chacune de ces questions.

> **SYSTÈME-D**
> **Grammar:** Imperfect; compound past tense; pluperfect
> **Vocabulary:** Linking ideas; sequencing events; expressing time relationships
> **Phrases:** Family members; professions; trades

1. Qui étiez-vous?
_____

2. Comment étiez-vous?
_____

3. Où habitiez-vous?
_____

4. Comment était votre famille?
_____

5. Comment étaient vos amis?
_____

6. Quel travail faisiez-vous?
_____

7. Etiez-vous heureux(-euse)?
_____

En vous basant sur ces notes, écrivez deux ou trois paragraphes **au passé** dans lesquels vous décrivez votre vie en détail.

Nom _____ Date _____

C Le premier job. Comment était votre première expérience dans le monde du travail? Avant de la décrire, prenez quelques notes.

> **Grammar:** Imperfect; compound past tense; pluperfect
> **Vocabulary:** Linking ideas; sequencing events; expressing time relationships
> **Phrases:** Professions; trades; working conditions

1. vos raisons pour vouloir travailler _____
   _____

2. ce que vous avez fait pour trouver un emploi _____
   _____

3. le travail que vous avez fait _____
   _____

4. les gens avec qui vous avez travaillé _____
   _____

5. vos réactions: ce que vous avez aimé, ce que vous avez trouvé désagréable _____
   _____

Maintenant, écrivez deux ou trois paragraphes en vous basant sur vos notes.

44 Cahier d'exercices écrits

Nom _____ Date _____

Interlude 1

«Je crois que ça va pas être possible»

http://slv.heinle.com

RACONTER AU PASSÉ
Dans les exercices suivants, on vous demande de raconter un incident au passé. Avant de commencer, révisez ces expressions qui vous aideront à marquer clairement le déroulement des événements de votre histoire.

Pour commencer	**Pour continuer** *	**Pour terminer**
d'abord…; tout d'abord…	puis…	enfin…
premièrement…	ensuite…	finalement…
	après…	
	alors…	

* **Notez bien**: Les trois premières expressions sont interchangeables; **alors** implique un résultat.

A Ce n'était pas possible. Choisissez une des situations suivantes et racontez, en quatre ou cinq phrases et en utilisant quelques-unes des expressions de la liste précédente, ce qui s'est passé. Décrivez bien la situation et les personnages (à l'**imparfait**) avant de raconter les événements (au **passé composé**).

1. Vous vouliez entrer dans une boîte de nuit, mais on vous a refusé l'entrée parce que vous n'étiez pas habillé(e) convenablement *(properly)*.
   VOCABULAIRE: le videur *(bouncer)*

2. Vous vouliez louer un appartement, mais on a refusé de vous le louer parce que vous aviez l'air trop jeune.
   VOCABULAIRE: le propriétaire *(owner)*

3. Vous vouliez acheter une voiture, mais on n'a pas accepté de vous prêter l'argent parce que vous étiez encore étudiant(e).
   VOCABULAIRE: le vendeur *(salesperson)*

4. Vous avez posé votre candidature pour un poste dans une société d'informatique mais à l'entretien d'embauche, on vous a fait savoir qu'on préférerait une personne moins âgée.

Nom _____ Date _____

B La discrimination. Est-ce que vous avez déjà été victime de discrimination à cause de votre âge, de votre accent ou de votre ethnie *(f.)*? Sinon, connaissez-vous quelqu'un à qui cela est arrivé?

Avant d'écrire votre texte, répondez à ces questions:

1. Quand? _____
   _____

2. Où? _____
   _____

3. Qui? _____
   _____

4. Comment? _____
   _____

En deux ou trois paragraphes, expliquez maintenant ce qui s'est passé et comment vous avez réagi (ou comment l'autre personne dont vous parlez a réagi).

46 Cahier d'exercices écrits

Nom _____ Date _____

Chapitre 4

En route!

http://slv.heinle.com

Vocabulaire

Entraînement

A **Définitions.** Dans les listes de vocabulaire A, B et C de votre manuel, trouvez le mot qui correspond à chaque définition ou description suivante. N'oubliez pas d'ajouter l'article défini.

1. produit du raffinage du pétrole _____
2. gros véhicule automobile qui transporte des marchandises _____
3. voiture parfaite pour une famille nombreuse _____
4. ce qu'il faut obtenir avant de pouvoir conduire _____
5. voiture agréable à conduire quand il fait beau _____
6. ce qu'un cycliste porte pour se protéger la tête _____
7. train des villes qui roule partiellement ou totalement sous la terre _____
8. personne qui se déplace à pied _____
9. type d'auto que l'on peut conduire dans la boue ou dans le sable _____
10. sortes de chaussures avec des roues qui plaisent surtout aux jeunes _____

✔ *Vérifiez vos réponses, page 179.*

B **Associations.** Quels mots de la colonne de droite associez-vous à ceux de la colonne de gauche?

1. _____ la piste cyclable   a. remorquer
2. _____ l'heure de pointe   b. emmener en voiture
3. _____ le pneu crevé   c. l'assurance automobile
4. _____ garer   d. le bouchon
5. _____ déraper   e. le parking
6. _____ le feu rouge   f. la roue de secours
7. _____ le passager   g. un PV
8. _____ tomber en panne   h. le vélo
9. _____ la police   i. freiner
10. _____ l'accident   j. la pluie

✔ *Vérifiez vos réponses, page 179.*

Chapitre 4 **47**

Nom _____ Date _____

C A vélo. Remplissez les blancs avec les mots correspondants du vocabulaire.

Un cycliste devrait s'acheter un _____ au cas où il tomberait de son vélo, et un _____ pour qu'on ne lui prenne pas son vélo. Quand il roule, il vaut mieux qu'il reste sur les _____ pour éviter les voitures. Généralement, il ne risque pas d'avoir une _____ pour excès de vitesse, mais il doit obéir au code de la route, _____ aux feux rouges et respecter les _____ qui vont plus lentement que lui. Bien sûr, il peut tomber en panne quand il a un _____ mais il n'a jamais besoin de _____. Il n'achète jamais de _____. A l'heure de pointe, les _____ ne lui posent aucun problème puisqu'il peut doubler toutes les voitures qui ne peuvent plus avancer.

✔ *Vérifiez vos réponses, page 179.*

D Les noms et les verbes. Dans les listes de vocabulaire de votre manuel, trouvez les verbes qui correspondent aux noms suivants.

1. la remorque _____
2. l'accélération _____
3. le frein _____
4. le garage _____
5. la conduite _____
6. le dérapage _____
7. la promenade _____
8. le dépannage _____

✔ *Vérifiez vos réponses, page 179.*

Développement

E Qu'est-ce qu'on fait? En tant qu' *(As)* automobilistes, comment réagissent les personnes indiquées face aux situations suivantes? Variez les expressions.

Modèle: vous
Au feu rouge, à dix heures du matin, **je freine et j'attends le feu vert.**

1. un copain

    Dans un bouchon, à cinq heures du soir, _____
    _____.

2. votre mère

    Quand la batterie est à plat, à sept heures du matin, _____
    _____.

3. vous

    Quand vous avez un pneu crevé, sur l'autoroute, _____
    _____.

4. une copine

    Après être rentrée dans une autre voiture pendant qu'elle essayait de se garer, _____
    _____.

48 Cahier d'exercices écrits

5. vous

Quand vous êtes derrière une voiture qui roule très lentement et qu'il est interdit de dépasser, _____
_____.

6. vous

Quand un policier vous arrête au bord de la route, _____
_____.

F Dans ma ville. Comment peut-on se déplacer là où vous habitez? En un petit paragraphe, décrivez tous les moyens de transport possibles en mentionnant un avantage et un inconvénient pour chacun.

_____
_____
_____
_____
_____
_____
_____
_____
_____
_____

Structures

I Verb review

A Combien de voitures? Monsieur Blachard parle des deux voitures de sa famille. Remplissez les blancs avec les formes convenables des verbes **conduire** ou **mettre**, selon le sens de la phrase. Attention aux temps: **présent, passé composé, imparfait** ou **infinitif**?

J'adore _____ ma petite voiture de sport. Je la _____ surtout le dimanche quand il fait beau. C'est une décapotable, alors je _____ toujours des gants, un blouson et une écharpe *(scarf)*. Quand ma femme m'accompagne, elle _____ son manteau, parce qu'elle a toujours froid. Avant mon mariage, j'avais seulement cette petite voiture et je la _____ même quand il faisait mauvais. Evidemment, ma femme _____ rarement cette voiture et mes enfants ne la _____ jamais.

Quand nous partons en vacances, nous prenons notre monospace. Nous y _____ toutes nos valises, notre gros chien et notre équipement de sport. L'hiver dernier, nous y _____ nos skis

Nom _____ Date _____

mais cette année, je crois que nous allons les _____ sur le toit pour avoir plus de place à l'intérieur. Nos enfants nous accompagnent souvent au ski, et l'année dernière, ils _____ pendant la plus grande partie du voyage, ce qui nous a permis de nous reposer. Quand ils étaient petits, nous avions un break et nous y _____ toutes nos affaires, mais les enfants se disputaient parce qu'il y avait si peu de place. Alors rouler en monospace est bien plus agréable.

✔ *Vérifiez vos réponses, page 179.*

II Articles

Entraînement

B Claudine cherche une voiture. Remplissez les blancs avec les articles (**définis, indéfinis** ou **partitifs**) qui conviennent. Attention à la forme négative.

Claudine, qui vient d'avoir son permis et qui n'a jamais eu _____ voiture, cherche à acheter _____ voiture d'occasion. Tous les jours, elle lit _____ petites annonces dans _____ journal. Un jour, elle croit avoir trouvé _____ voiture parfaite. C'est _____ décapotable anglaise. Le propriétaire lui explique qu'il n'a jamais eu _____ accidents, que la voiture consomme peu _____ essence et que _____ réparations sont faciles à faire. _____ batterie est neuve et il a remplacé _____ pneus. Puisque Claudine adore _____ petites voitures de sport, elle voudrait bien l'acheter mais d'abord, elle doit en parler à son père qui va lui prêter _____ argent. Son père lui explique que la plupart _____ voitures anglaises sont difficiles à réparer et qu'elles tombent souvent en panne. Selon lui, ce n'est pas _____ voiture que _____ jeune fille qui n'a pas beaucoup _____ temps ni _____ argent devrait acheter. Bien sûr, Claudine est triste, mais elle sait que son père a raison. Elle achètera _____ voiture plus solide.

✔ *Vérifiez vos réponses, page 179.*

C La veille du départ. La famille Poirier va rendre visite à des amis au Portugal et tout le monde se prépare. Remplissez les blancs avec les articles (**définis, indéfinis** ou **partitifs**) qui conviennent.

Il y a beaucoup _____ choses à faire. Monsieur Poirier s'occupe de _____ voiture. Il doit aller chercher _____ essence à la station-service où il veut aussi faire vérifier _____ pneus et _____ huile *(oil)*. Il a déjà acheté _____ cartes et ses amis lui ont envoyé _____ lettre pour lui donner _____ idées sur les routes à prendre. Il a besoin _____ argent, donc il doit aller à _____ banque.

Madame Poirier a acheté _____ eau minérale, _____ fruits et _____ pain pour le voyage. Elle n'a pas pris _____ chocolat ni _____ bonbons parce que _____ sucreries *(sweets)* sont mauvaises pour _____ dents. Les enfants ont besoin _____ livres et _____ CD pour pouvoir s'occuper pendant le voyage. Elle leur dit de téléphoner à leurs amis pour en emprunter mais de ne pas parler pendant _____ heures.

Catherine prend _____ toute petite valise. Elle y met _____ shorts, trois tee-shirts, _____ maillot de bain et _____ sandales. Sa mère lui dit qu'elle n'a pas assez _____ vêtements, mais Catherine répond qu'elle n'aime pas _____ robes et qu'elle déteste mettre _____ jean quand il fait chaud. D'ailleurs, elle pourra toujours porter _____ robe de sa mère, si nécessaire.

50 Cahier d'exercices écrits

Nom _____ Date _____

Thomas, comme bien _____ adolescents, n'a pas envie de partir avec ses parents. Il préfère passer ses vacances avec _____ copains, à la plage, si possible. Mais il n'a pas _____ choix, alors il cherche _____ jeux vidéo, son ipod et _____ lunettes de soleil, l'essentiel pour ne devoir parler avec personne.

✔ *Vérifiez vos réponses, page 179.*

Développement

D Plus de voiture! Vous avez décidé de vous débarrasser *(get rid of)* de votre voiture. Finissez les phrases pour expliquer ce que vous pensez de cette nouvelle situation.

Modèle: Quand je prenais ma voiture, je détestais **les embouteillages, la pollution, les automobilistes qui roulaient trop vite.**

1. J'ai eu ma voiture pendant cinq ans et parfois j'aimais bien _____
   _____
   _____.

2. Mais je ne voulais plus devoir acheter _____
   _____
   _____.

3. Je ne vais plus jamais payer _____
   _____
   _____.

4. Pour utiliser les transports en commun, j'ai besoin de _____
   _____
   _____.

5. Si je décide de rouler à vélo, il est préférable d'avoir _____
   _____
   _____.

E Mes rollers. Expliquez, en un paragraphe de quatre ou cinq phrases, pourquoi un adepte du roller aime bien ce moyen de transport dans une grande ville.

_____
_____
_____
_____
_____
_____
_____

Chapitre 4

Nom _____   Date _____

III Object pronouns, *y*, and *en* / IV Order of pronouns

Entraînement

F Correspondances. Indiquez quel pronom (**complément d'objet direct, indirect, y** ou **en**) remplace chaque nom de la liste suivante. S'il y a une expression de quantité, écrivez-la aussi.

    Modèles: mon père   **le**
                    assez d'argent   **en / assez**

1. ma voiture _____   6. de l'essence _____
2. au policier _____   7. aux conducteurs _____
3. une amende _____   8. sur la piste cyclable _____
4. dans la voiture _____   9. trop de feux rouges _____
5. les bouchons _____   10. ce garagiste _____

✓ *Vérifiez vos réponses, page 179.*

G De quoi parle-t-il? Un ami vous parle de ses vélos et de ses expériences avec les voitures. Puisqu'il adore les pronoms, il s'en sert trop, et on a parfois des difficultés à comprendre ce qu'il veut dire. Trouvez le nom que chaque pronom remplace. Mettez aussi **l'article, l'adjectif possessif** ou **l'adjectif démonstratif** convenable et **la préposition,** s'il en faut une.

1. Moi, j'<u>en</u> ai deux.
   _____.

2. Le premier, je <u>l</u>'ai acheté il y a trois ans.
   _____.

3. Je m'<u>en</u> sers quand je vais à la montagne.
   _____.

4. Je <u>les</u> attache toujours avec un antivol.
   _____.

5. Je ne <u>les</u> aime pas mais j'<u>en</u> porte <u>un</u> quand même pour me protéger.
   _____.

6. Je préfère <u>y</u> rouler; c'est mieux que sur la route avec les voitures.
   _____.

7. Malheureusement, il n'<u>y</u> <u>en</u> a pas assez, surtout dans les villes.
   _____.

8. Je <u>leur</u> réponds toujours gentiment mais ils croient que la route <u>leur</u> appartient.
   _____.

9. Je n'<u>en</u> ai pas eu jusqu'ici, mais mon frère s'est cassé le bras quand un automobiliste ne <u>l</u>'a pas vu.
   _____.

10. Quand il pleut, je préfère <u>le</u> prendre mais je n'aime pas <u>l</u>'attendre.
    _____.

52   Cahier d'exercices écrits

Nom _____ Date _____

11. Je le recommande à tout le monde. C'est moins polluant, c'est bon pour la santé et c'est moins cher que de rouler en voiture.

_____.

✔ *Vérifiez vos réponses, pages 179–180.*

H La nouvelle voiture. Monique parle avec ses amies et sa mère de la nouvelle voiture de son père. Refaites les phrases suivantes en remplaçant les mots soulignés par les **pronoms d'objet direct** ou **indirect** appropriés.

1. J'aime bien la nouvelle voiture de mon père.

_____.

2. Je peux conduire cette voiture quand je veux.

_____.

3. Mon frère vient d'avoir son permis de conduire.

_____.

4. Evidemment, mon père ne donne jamais les clés de la voiture à mon frère.

_____.

5. Tiens! Je vois mon père devant la maison.

_____.

6. Maman, dis à papa de laisser les clés sur la table, s'il te plaît!

_____.

✔ *Vérifiez vos réponses, page 180.*

I La scène continue. Refaites les phrases en remplaçant les mots soulignés par les **pronoms d'objet indirect** appropriés.

1. Le père de Monique explique à sa fille qu'il a besoin de la voiture.

_____.

2. Mais il offre gentiment de prêter la voiture à Monique et à ses amies plus tard.

_____.

3. Demande à tes amies si elles peuvent revenir ce soir.

_____.

✔ *Vérifiez vos réponses, page 180.*

J Le lendemain... Les parents de Monique cherchent les clés de la voiture. Pour compléter le dialogue, répondez aux questions en utilisant le pronom **y**.

1. LE PÈRE: Monique, où sont les clés de ma voiture?

   MONIQUE: Est-ce qu'elles sont sur la table?

   LE PÈRE: Non, elles _____.

2. MONIQUE: Maman, est-ce que tu as cherché les clés dans le salon?

   LA MÈRE: Oui, je _____.

3. LE PÈRE: Monique, à mon avis, il faudrait penser à toujours laisser ces clés au même endroit.

   MONIQUE: Eh oui, il _____.

✔ *Vérifiez vos réponses, page 180.*

Chapitre 4   53

Nom _____ Date _____

K Les clés perdues. Monique n'est pas contente parce qu'elle ne veut pas se lever tôt le matin. Complétez le dialogue, en utilisant le pronom **en** dans vos réponses.

1. MONIQUE: Ecoute, papa! J'ai envie <u>de rester au lit jusqu'à neuf heures du matin</u>.

    LE PÈRE: Tant pis *(Too bad)* si tu _____. Je ne peux pas aller au bureau sans les clés de la voiture.

2. MONIQUE: Je pensais que tu avais <u>deux jeux *(sets)* de clés de la voiture</u>.

    LE PÈRE: Oui, je _____, mais le jeu supplémentaire est perdu aussi. Qu'est-ce que tu as fait hier soir?

3. MONIQUE: Je suis rentrée tard <u>du cinéma</u>.

    LE PÈRE: Tu _____ tard? As-tu par hasard laissé ces maudites clés dans la voiture?

    MONIQUE: Oui, sans doute. Allons voir!

✔ *Vérifiez vos réponses, page 180.*

L Un accident de la route. Vous essayez de raconter à un agent de police un petit accident de la route qui vient de vous arriver. Cette conversation est déconcertante parce que l'agent répète chacune de vos explications, et, chose curieuse, il transforme tout ce qu'il peut en **pronoms d'objet direct, indirect, y et en**!

Modèle: VOUS: Je suis sorti(e) de mon appartement à six heures.
L'AGENT: **Vous en êtes sorti(e) à six heures.**

1. VOUS: Je suis allé(e) en ville avec mon chat.

    L'AGENT: _____

2. VOUS: Je voulais amener mon chat chez le vétérinaire.

    L'AGENT: _____

3. VOUS: Un jeune homme dans une 2 CV ne s'est pas arrêté au feu rouge.

    L'AGENT: _____

4. VOUS: Afin d'éviter cet homme, j'ai freiné, mais c'était trop tard.

    L'AGENT: _____

5. VOUS: Alors, je suis rentré(e) dans un arbre, et maintenant je ne trouve plus mon chat.

    L'AGENT: _____

6. VOUS: Il est peut-être en haut de l'arbre.

    L'AGENT: _____

7. VOUS: Il aime bien les oiseaux.

    L'AGENT: _____

8. VOUS: J'ai aussi un autre problème.

    L'AGENT: _____

9. VOUS: Si je raconte cette histoire à mes parents, ils vont reprendre la voiture.

    L'AGENT: _____

54 Cahier d'exercices écrits

Nom _____ Date _____

10. VOUS: Une petite voix me dit: «Explique cet accident à tes parents»!
L'AGENT: _____

11. VOUS: Mais une autre petite voix me dit: «N'explique pas cet accident à tes parents»!
L'AGENT: _____

12. VOUS: Tiens! Voilà mes parents! Ils vont découvrir la vérité.
L'AGENT: _____

13. Vous: Mais quelle bonne surprise! Ils ont mon chat.
L'AGENT: _____
VOUS: Merci, Monsieur l'agent. Au revoir.
L'AGENT: Au revoir.

✔ *Vérifiez vos réponses, page 180.*

Ⓥ Disjunctive pronouns

Entraînement

Ⓜ Que dire aux parents? Maintenant vous essayez d'expliquer à vos parents comment votre accident est arrivé (exercice L à la page 54). Remplissez les blancs avec les **pronoms disjoints** qui conviennent.

VOUS: Maman, ne sois pas fâchée contre _____.

MAMAN: _____, je ne suis pas du tout fâchée. Je suis très contente de vous retrouver, _____ et ton chat, en bonne santé. Mais ton père se fâche facilement, tu sais! _____ et _____, nous n'avons pas le même tempérament. Va parler avec _____.

VOUS: Papa, ce n'est pas _____ qui ai provoqué cet accident. C'était un jeune homme qui ne s'est pas arrêté au feu rouge. _____ et _____, nous sommes entrés dans le carrefour au même moment, et _____, j'avais le choix entre entrer en collision avec _____ ou avec l'arbre.

PAPA: Et ce jeune homme, pourquoi n'a-t-il pas expliqué tout cela _____-même à l'agent? Mais nous avons un autre problème, et c'est la voiture. N'oublie pas qu'elle n'est pas à _____; elle est à ta grand-mère. Qui l'a achetée avec son propre argent? _____!

✔ *Vérifiez vos réponses, page 180.*

Chapitre 4

Nom _____ Date _____

Développement

N «**En bref**» Vous travaillez dans le bureau d'un petit journal de province. On vient de vous demander de relire la rubrique *Faits divers* écrite par un jeune journaliste récemment embauché. Vous découvrez alors avec horreur que ce jeune homme écrit très mal! En particulier, il semble ne pas savoir utiliser les **pronoms d'objet direct, indirect, disjoints, y** et **en.** Réécrivez sa rubrique, en remplaçant les phrases ou propositions redondantes *(repetitive clauses)* par les pronoms qui conviennent. Attention! Vous n'allez pas remplacer tous les pronoms; il faut que les lecteurs de ce journal puissent comprendre l'article!

1. Le samedi 13 juillet, à quinze heures vingt-trois, un chapeau vert et rose appartenant à Mme Claire Frileuse de Toulon a été écrasé par un camion. Selon Mme Frileuse, son chapeau était un peu trop grand, et le vent a emporté son chapeau dans la rue. Comme un gros camion arrivait dans la rue à toute vitesse juste à ce moment-là, elle n'a pas pu sauver le chapeau. Elle regrette beaucoup d'avoir perdu son chapeau.

2. Gérard Beaumais, du Tholonet, a confirmé, le lundi 20 juillet, sa décision de vendre sa 2 CV. Il vient de découvrir qu'il ne peut plus transporter d'œufs sans casser la moitié des œufs. Le dimanche 19 juillet, M. Beaumais a essayé d'apporter ses œufs au marché d'Aix, mais quand il est arrivé au marché d'Aix, il n'avait presque plus d'œufs. Il a téléphoné au chef de bureau de notre illustre journal et a raconté au chef de bureau cette triste histoire.

56 Cahier d'exercices écrits

Nom _____ Date _____

3. Quelques conseils de la Fédération des Amis Routiers (FARS)

Vos poissons rouges ne peuvent pas supporter la chaleur; ne laissez pas vos poissons rouges sous le siège!
Les gendarmes travaillent pour vous; souriez toujours aux gendarmes!
Votre chien ne sait pas conduire; expliquez le code de la route à votre chien!
Tôt ou tard, les voitures tombent en panne; laissez les voitures au garage et prenez le train!

_____
_____
_____
_____
_____
_____
_____
_____

✔ *Vérifiez vos réponses, page 180.*

Expression

A Quelle voiture acheter? Imaginez que vos parents décident de vous acheter une voiture neuve, et qu'ils sont sur le point de vous offrir un 4x4. Quelle horreur! Vous n'aimez pas du tout ces grosses voitures tout-terrain. Vous vous voyez plutôt au volant d'une petite voiture électrique ou hybride. Que faire pour convaincre vos parents de vous acheter la voiture de vos rêves? Afin de bien organiser votre argument, prenez d'abord des notes en suivant les suggestions. Puis essayez d'incorporer toutes ces idées dans votre rédaction.

> **SYSTÈME-D**
> **Grammar:** Adjective agreement; adjective position
> **Vocabulary:** Comparing and contrasting, weighing alternatives
> **Phrases:** Automobile

Vos habitudes et vos besoins

1. Pourquoi avez-vous besoin d'une voiture?
   _____

2. Combien de fois par semaine vous servez-vous de votre voiture?
   _____

3. Faites-vous du covoiturage?
   _____

4. Emmenez-vous souvent des amis quelque part en voiture?
   _____

5. Quelle sorte de conducteur (conductrice) êtes-vous?
   _____

Chapitre 4

Nom _____ Date _____

Les deux voitures

1. Donnez quatre adjectifs qui décrivent la voiture que vous préférez.
   _____
   _____

2. Donnez trois adjectifs qui décrivent la voiture que vos parents préfèrent.
   _____
   _____

3. Comparez les deux voitures. Ecrivez une comparaison positive (+) et une comparaison négative (–).
   _____
   _____

Maintenant, écrivez votre rédaction, en parlant d'abord de vos habitudes et de vos besoins en tant qu'automobiliste, puis des raisons pour lesquelles vous préférez la voiture électrique/hybride.

B En panne. Votre vieille voiture est tombée en panne au milieu d'un carrefour. Vous êtes obligé(e) de téléphoner au garage et d'expliquer la situation. Ecrivez (sous forme de dialogue) la conversation que vous avez avec le garagiste.

> **Grammar:** Direct and indirect objects
> **Vocabulary:** Asking for a favor; talking on the telephone; expressing distance
> **Phrases:** Automobile, telephone

VOCABULAIRE UTILE
aide *f.*
aider (quelqu'un à faire quelque chose)
Allô, ne quittez pas. *(Hold on.)*
Au secours! *(Help!)*
coûter
problème *m.*
symptôme *m.*
Je vous en prie. / Il n'y a pas de quoi. *(You're welcome.)*

C Plus besoin de voiture? Imaginez que vous habitez dans une grande ville, et que vous pensez remplacer votre voiture par un vélo. Vos parents préfèrent que vous gardiez la voiture, mais si vous la vendez, ils voudraient vous voir vous déplacer en autobus ou en métro. D'autre part, votre copain (copine) essaie de vous convaincre que des rollers seraient plus pratiques. Expliquez à vos parents et à votre copain (copine) les avantages d'un vélo et les inconvénients de tous les moyens de transport qu'ils suggèrent. Avant d'écrire, prenez des notes sur ces points:

> **Grammar:** Present tense
> **Vocabulary:** Comparing and contrasting
> **Phrases:** Automobile; means of transportation

1. les inconvénients d'une voiture dans une grande ville
   _____

2. les inconvénients de l'autobus et du métro
   _____

3. les inconvénients des rollers dans une grande ville
   _____

4. les avantages d'un vélo en ville
   _____

Maintenant, écrivez l'argument que vous présenterez pour convaincre les autres que votre solution (l'usage du vélo) est la meilleure.

Nom _____ Date _____

Les voyages

Chapitre 5

🌐 http://slv.heinle.com

Vocabulaire

Entraînement

A Les noms et les verbes. Dans les listes de vocabulaire de votre manuel, trouvez les verbes qui correspondent aux noms suivants.

1. le bronzage _____
2. la détente _____
3. la découverte _____
4. un amusement _____
5. la baignade _____

✔ *Vérifiez vos réponses, page 180.*

B Les personnes et leurs activités. Dans les listes de vocabulaire de votre manuel, trouvez les activités des personnes suivantes. Attention aux formes des verbes!

Modèle: Un pêcheur **va à la pêche.**

1. Un skieur _____.
2. Un surfeur _____.
3. Des alpinistes _____.
4. Un chasseur _____.
5. Des randonneurs _____.

✔ *Vérifiez vos réponses, page 180.*

C Où vont-ils? Complétez les phrases avec les mots appropriés des listes de vocabulaire C et D de votre manuel.

1. J'adore la mer et le soleil. Je passe mes vacances à la _____.
2. Mon frère préfère faire de l'escalade. Il va à la _____.
3. Mes parents veulent se reposer, regarder la mer et bien manger. Ils font une _____.
4. Mes grands-parents passent leurs vacances dans leur _____ près du petit village où ils ont vécu pendant leur jeunesse.

Chapitre 5   **59**

Nom _____ Date _____

5. Mes copains et moi n'avons pas beaucoup d'argent et nous aimons rencontrer d'autres jeunes qui voyagent, alors nous couchons dans des _____.

6. J'ai acheté une nouvelle tente; je vais passer mes vacances dans un _____.

✔ *Vérifiez vos réponses, page 180.*

D On part en vacances. Complétez les phrases avec les mots appropriés des listes de vocabulaire C et D de votre manuel.

1. Puisque mon copain adore les rivières et n'a pas peur de l'eau froide, il veut toujours faire du _____.

2. Quand il fait très beau, si je veux regarder le ciel avant de m'endormir, je couche _____.

3. Mes parents passent toujours leurs vacances à la montagne dans un petit _____ qu'ils ont acheté il y a dix ans.

4. L'été, en Europe, on voit beaucoup de Hollandais et de Danois qui tirent leurs _____ derrière leur voiture quand ils partent vers le sud.

5. Quand les enfants sont en _____, on les oblige à écrire à leurs parents.

6. Quand on a la peau toute rouge après avoir passé trop de temps au soleil, on a pris _____.

7. Si on veut faire du ski, du surf des neiges et des randonnées en raquettes, on passe les vacances dans une _____.

8. Quand on se lève très tard, on _____.

9. Les personnes qui adorent les chevaux font souvent _____.

10. Un repas pris en plein air au cours d'une excursion s'appelle un _____.

✔ *Vérifiez vos réponses, page 180.*

Développement

E Vos préférences? Trouvez au moins quatre activités pour chaque catégorie.

1. ce que j'aime faire en été

_____

_____

2. ce que je ne voudrais jamais faire en vacances

_____

_____

3. ce que je n'ai jamais fait en vacances mais que je voudrais faire un jour

_____

_____

60 Cahier d'exercices écrits

Nom _____ Date _____

F Venez chez nous! Imaginez que vous travaillez pour l'office du tourisme d'une région que vous connaissez bien. Vous voulez y attirer des touristes, alors vous préparez une brochure dans laquelle vous décrivez les charmes et les activités de la région. En un paragraphe de cinq ou six phrases, écrivez l'introduction pour cette brochure.

_____
_____
_____
_____
_____
_____
_____
_____
_____
_____

Structures

I Verb review

A A la mer. Remplissez les blancs avec les formes convenables des verbes entre parenthèses. Attention aux temps. Il y a des verbes au **présent**, à l'**imparfait** et au **passé composé**. Faites tous les changements nécessaires.

Depuis des années, notre famille passe les vacances à la mer. Nous allons dans la même station balnéaire, descendons au même hôtel et _____ (prendre) nos repas dans les mêmes restaurants. Jusqu'à l'année dernière, je _____ (manger) toujours des fruits de mer mais un soir, je suis tombée malade. Je _____ beaucoup (souffrir), alors je _____ (comprendre) que j'étais allergique aux moules. Depuis ce jour-là, je n'en _____ (manger) plus.

Quand nous sommes à la plage, mon mari et moi, nous _____ (nager) quand l'eau n'est pas trop froide mais nous _____ (ne pas plonger). Quand nos enfants étaient adolescents, ils _____ (plonger) presque tous les jours et un jour, ils _____ (découvrir) une épave *(wreck)*. Cela _____ (surprendre) tout le monde. D'habitude, les plongeurs _____ (ne rien découvrir) de nouveau dans cette région. Nous _____ (apprendre) que ce bateau avait coulé *(had sunk)* il y a deux cents ans. Des plongeurs professionnels _____ (offrir) un petit coffret *(chest)* trouvé dans l'épave comme récompense à nos enfants.

✔ *Vérifiez vos réponses, page 181.*

Nom _____ Date _____

ⓘⓘ Prepositions with geographical names

Entraînement

ⓑ Personne n'est d'accord. Remplissez les blancs avec les prépositions convenables.

Mon grand-père veut aller _____ France, surtout _____ Normandie parce qu'il était soldat pendant la guerre. Ma mère, dont la famille vient _____ Suède, préfère aller _____ Stockholm. Mon oncle, qui vient _____ Canada, trouve qu'il fait trop froid _____ Scandinavie pour y passer des vacances. Il habite _____ Montréal et il veut se rendre _____ Italie où on mange bien et où il fait chaud. Ma grand-mère aimerait voir les tulipes _____ Pays-Bas. Mon frère rêve de faire de la randonnée _____ Amérique du Sud. Moi, j'apprends le japonais en ce moment, alors je voudrais aller _____ Japon. Comment nous mettre d'accord?

✔ *Vérifiez vos réponses, page 181.*

Développement

ⓒ Où iriez-vous? Finissez les phrases de façon logique.

1. Si je voulais faire du ski, j'irais _____
   parce que _____.

2. Si mes ancêtres étaient chinois, je voudrais aller _____.
   Une fois arrivé(e), je _____.

3. Si je m'intéressais à la littérature classique (grecque et romaine), je voyagerais _____
   et je visiterais surtout _____.

4. Si je voulais voir des animaux exotiques, j'irais _____.
   J'emporterais _____ avec moi.

5. Si j'étudiais la botanique, je voyagerais _____
   et je rapporterais _____ chez moi.

6. Si j'étais dans le *Peace Corps,* je choisirais d'aller _____
   parce que _____.

7. Si j'étais très riche, je passerais mes vacances _____
   et j'inviterais _____.

8. Si je ne voulais rien faire, j'irais _____
   et je passerais mon temps à _____.

Nom _____ Date _____

III Future tense

Entraînement

D Je suis content(e). Les vacances que vous passez tous les ans vous plaisent et vous avez l'intention de ne rien changer. Récrivez le passage au **futur**.

Je pars deux semaines en juillet à la plage où je fais du ski nautique, je me baigne et je me

_____

repose. Tous les soirs mes amis et moi, nous allons en boîte ou nous dînons dans des petits

_____

restaurants. Nous ne nous ennuyons jamais. Quand il pleut, j'écris des cartes postales que

_____

j'envoie à toute ma famille.

_____

L'hiver, je passe deux semaines à la montagne où je descends dans un hôtel confortable.

_____

Je voyage avec un ami et nous faisons du ski toute la journée. Quand nous rentrons,

_____

nous sommes très fatigués, et nous buvons toujours un vin chaud pour nous détendre.

_____

Je fais toujours ce qui m'amuse, maintenant et dans l'avenir.

_____

✔ *Vérifiez vos réponses, page 181.*

E Une vie saine dans l'avenir. Mettez les verbes entre parenthèses à la forme du **futur** qui convient.

Personne ne _____ (travailler) plus de 35 heures par semaine et tout le monde _____ (être) en meilleure santé parce que nous _____ (pouvoir) faire du sport quand nous le _____ (vouloir). Nous _____ (aller) partout à pied ou nous _____ (prendre) les transports en commun puisque les voitures _____ (être) trop chères. On ne _____ (fumer) plus. La plupart des gens _____ (faire) du jardinage et on _____ (manger) ses propres légumes biologiques. Nous _____ (voir) nos amis et notre famille plus souvent. Et bien sûr, nous _____ (avoir) tous cinq semaines de vacances.

✔ *Vérifiez vos réponses, page 181.*

Nom _____ Date _____

Développement

> **Rappel** Si le contexte est le futur, le verbe doit être au futur après **quand, lorsque, dès que, tant que** et **aussitôt que**.

F Des projets pour l'Afrique. Finissez les phrases de façon logique. Attention au temps.

1. Je ne voyagerai pas en Afrique tant que _____.
2. Mais je partirai pour l'Afrique aussitôt que _____.
3. J'irai au Sénégal quand _____.
4. J'y aurai un poste dès que _____.
5. Je retournerai chez moi lorsque _____.

G On part quand même. Imaginez les vacances que passera un(e) étudiant(e) qui a très peu d'argent. Trouvez-lui d'abord un nom. Puis décrivez ce qu'il (elle) fera. Ecrivez un paragraphe d'au moins cinq phrases au **futur**.

_____
_____
_____
_____
_____
_____
_____
_____
_____
_____

III Conditional forms

Entraînement

H A ta place. Vous donnez des conseils à une amie qui part en voyage. Mettez les infinitifs entre parenthèses à la forme du **conditionnel** qui convient.

Je n' _____ pas (emporter) pas tant de vêtements. Tu _____ (devoir) te servir d'un sac à dos au lieu d'une valise. Je _____ (lire) plus de guides avant de partir. J' _____ (acheter) encore des médicaments. Je ne _____ pas (boire) l'eau. Mes parents m' _____ (accompagner) à l'aéroport. Ils _____ (choisir) les hôtels pour moi. Ils ne me _____ pas (laisser) descendre dans des auberges de jeunesse. Mon père me _____ (donner) plus d'argent. Est-ce que tu _____ (vouloir) voyager avec moi? Non? Pourquoi pas?

✔ *Vérifiez vos réponses, page 181.*

64 Cahier d'exercices écrits

Nom _____ Date _____

I Et si nous restions à la maison? Un père de famille propose à sa femme de passer les vacances à la maison, avec les enfants. Il explique ce que chaque personne ferait. Mettez les verbes entre parenthèses au **conditionnel présent**.

«Tous les jours nous _____ (faire) la grasse matinée. Nous _____ (prendre) le petit déjeuner sur la terrasse et les enfants t'_____ (aider) à faire la cuisine et le ménage. Dorothée _____ (pouvoir) apprendre à faire la cuisine et Nicolas _____ (s'occuper) du jardin avec moi. Nous ne _____ jamais (se disputer). Je _____ (se détendre) mieux parce que je ne _____ pas (conduire) notre vieille voiture.»

La maman croit que son mari rêve. Elle voit les choses d'une autre manière: «Si nous restions à la maison, les enfants _____ (passer) toute la journée devant l'ordinateur. Ils ne _____ jamais (jouer) en plein air et leurs copains _____ (être) tous en colonie. Il y _____ (avoir) constamment des disputes et nous _____ (gronder) les enfants tout le temps. Toi, tu _____ (s'ennuyer) vite et moi, je _____ (être) encore plus stressée après les vacances qu'avant.»

✔ *Vérifiez vos réponses, page 181.*

J Des promesses. Les enfants sont déçus puisque les vacances ne ressemblent pas à ce que leurs parents avaient promis. Transformez leurs phrases en **discours indirect**.

Modèle: Tu as dit: «Nous ferons du camping.»
Tu as dit que nous ferions du camping.

1. Papa a promis: «Nous visiterons Disneyland Paris.»
   _____
   _____

2. Maman a expliqué: «La famille mangera souvent au MacDo.»
   _____
   _____

3. Papa a déclaré: «Je ne me fâcherai jamais.»
   _____
   _____

4. Vous nous avez dit: «Nous irons à la pêche.»
   _____
   _____

5. Maman a répété: «Papa viendra avec nous à la piscine tous les jours.»
   _____
   _____

✔ *Vérifiez vos réponses, page 181.*

Chapitre 5   **65**

Nom _____ Date _____

Développement

K Des complications. Expliquez ce que les personnes indiquées feraient dans les situations suivantes en utilisant des verbes au **conditionnel présent.**

1. Vos valises ne sont pas là quand vous descendez de l'avion. (Je)

2. A l'hôtel, on ne trouve pas les réservations de vos parents. (Ils)

3. Un copain est à la montagne pour faire du ski, mais il n'y a pas assez de neige. (Il)

4. Vos parents et vous êtes à la plage en juillet et il pleut tout le temps. (Nous)

5. Vous tombez malade dans un pays dont vous ne parlez pas la langue. (Je)

L Du calme. Votre professeur de français veut se détendre au lieu de partir en vacances. Que ferait-il (elle)? Que ne ferait-il (elle) pas? Ecrivez un paragraphe de quatre ou cinq phrases pour décrire ses vacances à la maison.

Nom _____ Date _____

IV Future perfect

Entraînement

M Avant le voyage. Une étudiante imagine tout ce qu'elle aura fait avec ses amis en France avant de retourner chez elle. Utilisez les éléments donnés pour faire des phrases complètes et faites les changements nécessaires. Mettez les verbes au **futur antérieur**.

Modèle: je / écrire / cartes postales / et / je / envoyer / plusieurs e-mails
J'aurai écrit des cartes postales et j'aurai envoyé plusieurs e-mails.

1. nous / voir / la Tour Eiffel la nuit / et / marcher / dans les rues de Paris
   _____

2. je / dîner / dans / meilleur / restaurants / et / je / dépenser / beaucoup / argent
   _____

3. mes amis / visiter / tout / musées / Paris / et / ils / entrer / dans les églises
   _____

4. nous / prendre / le TGV / et / nous / aller / Montpellier
   _____

5. et enfin / nous / se rendre / Versailles / je / voir / merveilleux / château
   _____

✔ *Vérifiez vos réponses, page 181.*

Développement

N Dans l'avenir. Finissez les phrases pour indiquer (au **futur antérieur**) quelle action aura précédé celle qui est indiquée.

1. Je ferai le tour du monde quand _____
   _____.

2. Mon père (oncle, cousin) jouera au golf tous les jours dès que _____
   _____.

3. Mes grands-parents feront une croisière aussitôt que _____
   _____.

4. Mes amis ne seront plus à l'université lorsque _____
   _____.

5. Je serai très heureux(-euse) quand _____
   _____.

Chapitre 5

Nom _____ Date _____

IV Past conditional

Entraînement

O Des regrets. Véronique explique ce que sa mère aurait dû faire autrement en vacances. Mettez les verbes entre parenthèses au **conditionnel passé**. Faites les accords nécessaires.

Je _____ (ne pas se fâcher) contre Maman si elle m'avait écoutée. Elle _____ (pouvoir) visiter le Maroc si elle avait réservé plus tôt. Elle _____ (ne pas se plaindre) de la chaleur si elle n'était pas allée en Tunisie au mois d'août. Si elle n'était pas restée au soleil toute la journée, elle _____ (ne pas attraper) de coup de soleil. Si elle n'avait pas tant mangé, elle _____ (ne pas prendre) de poids. Si elle m'avait envoyé une carte postale, j'_____ (être) contente. Nous _____ (aller) la chercher à l'aéroport si elle nous avait prévenus.

✔ *Vérifiez vos réponses, page 181.*

Développement

P Si j'avais été québécois(e) il y a 75 ans,... Finissez les phrases de façon logique en utilisant un verbe au **conditionnel passé**.

1. Si j'étais né(e) dans un petit village du Québec, _____ _____.

2. Si mon père avait été agriculteur, _____ _____.

3. Si mes parents avaient eu sept enfants, _____ _____.

4. Si je n'avais pas fait d'études, _____ _____.

5. Si je n'avais jamais voyagé, _____ _____.

V If-clauses

Entraînement

Q C'est quel temps? Choisissez la fin correcte pour chaque phrase.

1. J'irai à Tahiti si mon père…
   a. me donne assez d'argent.
   b. me donnerait assez d'argent.
   c. me donnera assez d'argent.

68 Cahier d'exercices écrits

2. S'il avait découvert le plaisir de voyager, il…
   a. partira plus souvent.
   b. serait parti plus souvent.
   c. part plus souvent.

3. Nous ferions du stop…
   a. si ce ne serait pas dangereux.
   b. si ce n'est pas dangereux.
   c. si ce n'était pas dangereux.

4. Si tu prends un coup de soleil…
   a. il vaudrait mieux rester à l'ombre demain.
   b. il vaudra mieux rester à l'ombre demain.
   c. il vaut mieux rester à l'ombre demain.

5. Ils auraient acheté une nouvelle tente s'ils…
   a. avaient voulu faire du camping.
   b. veulent faire du camping.
   c. voudraient faire du camping.

6. Si vous vouliez vous cultiver, vous…
   a. visiterez le musée d'Orsay.
   b. avez visité le musée d'Orsay.
   c. visiteriez le musée d'Orsay.

7. Si mes amis s'étaient amusés au Québec, ils…
   a. y seraient retournés.
   b. y seront retournés.
   c. y retourneront.

✔ *Vérifiez vos réponses, page 181.*

R Se déplacer. Mettez les verbes entre parenthèses au temps qui convient (**futur, conditionnel présent** ou **conditionnel passé**).

Si l'essence coûte encore plus cher, personne ne _____ (prendre) sa voiture pour aller en vacances. Alors que _____-nous (faire) si nous ne pouvons plus payer l'essence? Comment _____-vous (réagir) si vous ne pouviez plus aller partout en voiture? Si on construisait des voitures plus économiques, nous _____ (dépenser) moins et on _____ (protéger) l'environnement en même temps. Si l'essence n'avait pas été si bon marché pendant les années 80, on _____ (vendre) moins de 4x4 aux Etats-Unis et on _____ (s'habituer) à prendre les transports en commun. Le gouvernement les _____ (subventionner) davantage si les pays pétroliers avaient encore limité la vente du pétrole.

✔ *Vérifiez vos réponses, page 181.*

Nom _____ Date _____

Développement

S Et si voyager est (était) différent? Finissez les phrases de façon logique. Attention au temps des verbes!

1. Si on n'avait pas inventé l'avion, _____
_____.

2. Si le monde entier avait une monnaie commune, _____
_____.

3. On n'aurait pas besoin de passeports, _____
_____.

4. S'il n'y avait plus de touristes aux Etats-Unis, _____
_____.

5. Les enfants ne partiront plus en colonie de vacances si _____
_____.

6. Des touristes américains auraient visité l'Europe en 1941 si _____
_____.

7. Nous aurions tous cinq semaines de vacances si _____
_____
_____.

T Il y a 100 ans. Comment auriez-vous passé les vacances il y a cent ans? Ecrivez un petit paragraphe de cinq à six phrases, au **conditionnel passé,** pour expliquer comment vous auriez voyagé, où vous seriez allé(e) et ce que vous auriez fait.

_____
_____
_____
_____
_____
_____
_____
_____
_____

Cahier d'exercices écrits

Nom _____ Date _____

VI. *Passé simple* and *passé antérieur*

Entraînement

U Trouvez les temps. Encerclez tous les verbes au **passé simple** et au **passé antérieur** dans le passage suivant. Ensuite, (1) faites une liste de tous les verbes encerclés, (2) donnez l'infinitif de chaque verbe et (3) mettez chaque verbe au **passé composé** (pour le **passé simple**) ou au **plus-que-parfait** (pour le **passé antérieur**).

Alors il comprit qu'il n'avait plus le droit de tenir les yeux fermés. Le vieil homme aperçut des maisons plus hautes que l'église… Son fils l'amena devant un immense château dont il avait entendu le nom quand on parlait des gens riches, le Château Frontenac; ensuite son fils lui montra quelque chose de beaucoup plus vieux que lui…

L'automobile noire s'arrêta devant un grand jardin; Tobie fit descendre son père. […]

Et ce fut l'heure du retour. Dans la voiture, le fils remarqua que le vieil Herménégilde tenait les yeux fermés. […]

Dès qu'il eut déposé le vieil Herménégilde chez lui, le fils s'empressa de repartir…

Modèle: (1) comprit   (2) comprendre   (3) a compris

✔ *Vérifiez vos réponses, page 181.*

V Encore des verbes du conte *Il se pourrait bien que les arbres voyagent*. Donnez la forme équivalente au **passé composé** des verbes au **passé simple** tirés de la lecture.

1. un fils sortit de la voiture _____
2. la longue voiture l'enleva _____
3. il ferma les yeux _____
4. il ne vit pas les villages _____
5. il attendit le retour de la voiture _____

✔ *Vérifiez vos réponses, page 181.*

Chapitre 5   **71**

Nom _____   Date _____

Expression

A Le pessimiste. Vos amis veulent que vous passiez deux mois avec eux en Europe. Ils ont l'intention de visiter autant de pays que possible, de faire du stop, de descendre dans des auberges de jeunesse, etc. Vous n'avez aucune envie de faire cette sorte de voyage et puisque vous êtes de mauvaise humeur, vous leur décrivez tous les problèmes qu'ils auront. Faites une description, au **futur**, qui pourrait les faire changer d'avis!

> **SYSTÈME-D**
> **Grammar:** Future; prepositions of location
> **Vocabulary:** Planning a vacation; describing weather; disagreeing; disapproving
> **Phrases:** Means of transportation; geography; traveling

Avant d'écrire, prenez des notes sur ces sujets:

1. les transports _____
2. le logement _____
3. le temps qu'il fera _____
4. les gens qu'ils rencontreront _____
5. quelques événements difficiles ou dangereux auxquels ils devront faire face *(will have to confront)* _____
_____

Maintenant, en deux ou trois paragraphes au **futur**, écrivez votre vision pessimiste de ce voyage.

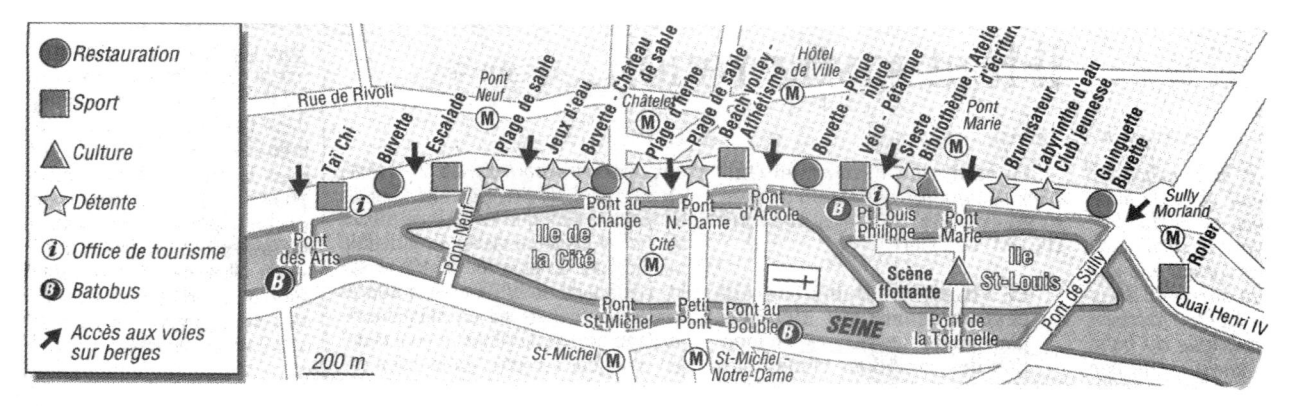

B Les vacances en ville. Comme vous l'avez lu dans votre manuel, Paris-Plage transforme, pendant un mois, trois kilomètres de quais de la Seine en station balnéaire. On y trouve deux plages de sable, une d'herbe, 300 transats, 240 parasols et deux espaces de pique-nique. Les marcheurs ont leur promenade et les sportifs, leur voie pour pratiquer jogging, vélo et roller. Comme jeux aquatiques, on trouve des douches, des brumisateurs et des fontaines. Si vous étiez à Paris pendant le mois de Paris-Plage, quelles activités choisiriez-vous? Décrivez, au conditionnel, comment vous passeriez votre temps et pourquoi vous choisiriez ces activités. Consultez le plan ci-dessus. Ajoutez des détails pour rendre votre description aussi intéressante que possible!

> **SYSTÈME-D**
> **Grammar:** Present tense; conditional; future
> **Vocabulary:** Expressing opinion or preference; describing the weather; comparing and contrasting; linking ideas
> **Phrases:** Traveling; leisure

C «Les voyages ouvrent l'esprit.» En deux ou trois paragraphes, expliquez le sens de cette phrase.

1. En quoi est-ce que les voyages nous cultivent? Qu'est-ce qu'on apprend quand on voyage?
2. Est-ce que cela est encore vrai dans le monde actuel où nous avons Internet, la télévision, le cinéma, etc.? En quoi ce que l'on apprend en voyageant est-il différent de ce que l'on apprend en utilisant le multimédia?
3. Quelle conclusion en tirez-vous?

> **SYSTÈME-D**
> **Grammar:** Present tense; conditional; future
> **Vocabulary:** Expressing opinion or preference; linking ideas; weighing the evidence; writing an essay
> **Phrases:** Traveling; leisure; languages

Nom _____ Date _____

Chapitre 6

Ciné et télé

http://slv.heinle.com

Vocabulaire

Entraînement

A Quel genre de film? Trouvez les films dans la colonne de droite qui correspondent aux genres dans la colonne de gauche.

1. _____ film d'horreur
2. _____ film comique
3. _____ dessin animé
4. _____ film d'aventure
5. _____ film musical
6. _____ film classique
7. _____ drame
8. _____ film fantastique

a. *Le monde de Nemo*
b. *La passion du Christ*
c. *Le Seigneur des Anneaux: La Communauté de l'Anneau*
d. *Master and Commander: de l'autre côté du monde*
e. *Psychose* d'Alfred Hitchcock
f. *Moulin Rouge*
g. *Monty Python, la vie de Brian*
h. *Casablanca*

✔ *Vérifiez vos réponses, page 181.*

B Définitions. Trouvez les mots de la liste de vocabulaire A de votre manuel qui correspondent aux définitions suivantes. Mettez l'article défini avec les noms.

1. film à caractère didactique ou culturel qui montre un aspect particulier de la réalité _____
2. version d'un film étranger dans lequel on a ajouté des sous-titres dans la langue du pays où on le passe _____
3. surface blanche sur laquelle on projette des images _____
4. celui qui a le rôle le plus important dans un film _____
5. techniques permettant de modifier l'apparence de l'image _____
6. film qui fait peur _____
7. amateur et connaisseur en matière de cinéma _____
8. auteur de scénarios de films _____

✔ *Vérifiez vos réponses, page 182.*

Chapitre 6 **73**

Nom _____ Date _____

C La télévision. Remplissez les blancs avec les mots qui conviennent de la liste de vocabulaire B de votre manuel.

1. Après avoir regardé une vidéo, il vaut mieux la _____.

2. Afin d'enregistrer une émission, il faut avoir un _____.

3. Un _____ dans la voiture permet aux enfants de regarder des dessins animés pendant de longs voyages.

4. *Les Simpson* est une _____ qui a eu beaucoup de succès en France comme aux Etats-Unis.

5. Si vous avez un _____, vous pouvez filmer vos vacances.

6. TF1 et France 2 sont des _____ de télévision françaises.

7. Pour changer de chaîne sans vous lever, il faut avoir une _____.

8. Si vous avez la _____ ou une _____, vous pouvez regarder MTV et ESPN.

9. Certains téléspectateurs enregistrent leur _____ préféré pour ne pas en manquer un épisode pendant qu'ils sont au travail ou en cours.

10. Tous les soirs, à 20 heures, beaucoup de Français regardent _____ pour savoir ce qui se passe dans le monde. En Amérique, cette émission passe plus tôt dans la soirée, entre 18 et 19 heures.

11. Pendant la _____ à la télé, on peut aller chercher quelque chose à manger, passer un coup de téléphone ou simplement zapper pour ne pas la regarder.

✔ *Vérifiez vos réponses, page 182.*

Développement

D Au cinéma. Finissez les phrases de façon logique.

1. Je vais au cinéma _____ fois par mois. (Si vous n'allez que rarement ou jamais au cinéma, expliquez pourquoi en un paragraphe de trois ou quatre phrases sur une feuille séparée et ne répondez pas aux autres questions.)

2. Les genres de films que je préfère sont _____
   _____

   parce que _____
   _____.

3. Pour moi, ce qui est le plus important dans un film, c'est (ce sont) _____
   _____
   _____.

4. Quand je vais au cinéma, je veux _____
   _____.

5. Le dernier film que j'ai vraiment aimé était _____
   _____

   parce que _____.

74 Cahier d'exercices écrits

Nom _____ Date _____

E La télé et moi. En un paragraphe de quatre ou cinq phrases, décrivez vos habitudes de téléspectateur (téléspectarice). Quand regardez-vous la télévision? Combien d'heures par semaine la regardez-vous? Quelles sortes d'émissions regardez-vous? Lesquelles ne regardez-vous jamais? Faites-vous autre chose pendant que vous regardez la télévision?

_____
_____
_____
_____
_____
_____
_____
_____
_____
_____
_____
_____
_____
_____

Structures

I Verb review

A Les préférences. Remplissez les blancs avec les formes convenables des verbes **préférer** et **projeter,** selon le sens de la phrase. Attention aux temps **(présent, conditionnel présent, imparfait, passé composé).**

Moi, au cinéma, je _____ les films policiers et les films d'épouvante mais quand j'étais petit, je _____ les dessins animés et les films fantastiques. Mes parents trouvent qu'on _____ peu de films aujourd'hui que les enfants peuvent voir. Ils disent qu'autrefois on _____ plus de films pour toute la famille, mais les enfants d'aujourd'hui ont l'habitude de voir des films violents. Les garçons _____ souvent les films d'aventures où il y a beaucoup d'effets spéciaux. Si j'allais au cinéma avec mes neveux, nous _____ voir des films de science-fiction, comme *La guerre des étoiles*, qui est déjà un classique. Quand on l' _____ récemment, il a attiré un public énorme. Quand je vais au cinéma avec ma copine, qui est une vraie cinéphile, nous _____ voir des grands classiques.

✔ *Vérifiez vos réponses, page 182.*

Chapitre 6 **75**

II. Negative expressions

Entraînement

B Correspondances. Trouvez l'expression négative de la colonne de droite qui correspond à l'expression affirmative de la colonne de gauche.

1. _____ souvent   a. ne… rien
2. _____ et… et   b. ne… personne
3. _____ déjà   c. ne… jamais
4. _____ quelque chose   d. ne… ni… ni
5. _____ encore   e. ne… plus
6. _____ quelqu'un   f. ne… pas encore

✔ *Vérifiez vos réponses, page 182.*

C De mauvaise humeur. Jean-Christophe voudrait sortir avec Véronique, mais elle a trop de travail et elle répond négativement à toutes ses suggestions. Ecrivez les réponses de Véronique en utilisant une expression de négation différente dans chaque phrase.

1. JEAN-CHRISTOPHE: Tu veux faire quelque chose ce soir?
   VÉRONIQUE: _____.

2. JEAN-CHRISTOPHE: Tu ne sors pas avec moi?
   VÉRONIQUE: _____. Je dois travailler.

3. JEAN-CHRISTOPHE: Mais tu avais envie de voir le nouveau film iranien.
   VÉRONIQUE: C'est vrai, mais maintenant _____
   _____.

4. JEAN-CHRISTOPHE: On peut sortir quand même. Tu finiras ta dissertation demain.
   VÉRONIQUE: Si je sors, je _____.

5. JEAN-CHRISTOPHE: Tu as déjà commencé tes recherches?
   VÉRONIQUE: Non, malheureusement, _____
   _____.

   JEAN-CHRISTOPHE: En effet, tu as raison de ne pas vouloir sortir.

✔ *Vérifiez vos réponses, page 182.*

D On discute avec grand-père. Jean-Paul essaie d'expliquer à son grand-père pourquoi il passe autant de temps devant la télé, et il est étonné de découvrir que son grand-père ne partage pas cette passion. Complétez leur dialogue, en ajoutant les remarques (toutes négatives!) du grand-père. Utilisez une expression negative différente dans chaque phrase.

1. JEAN-PAUL: Moi, j'aime beaucoup la télévision!
   LE GRAND-PÈRE: _____

2. JEAN-PAUL: Je la regarde toujours le soir après le dîner.
   LE GRAND-PÈRE: _____

Cahier d'exercices écrits

Nom _____ Date _____

3. JEAN-PAUL: Tous les téléfilms sont très intéressants.
   LE GRAND-PÈRE: _____

4. JEAN-PAUL: Les jeux télévisés et les mélos sont amusants.
   LE GRAND-PÈRE: _____

5. JEAN-PAUL: Le magnétoscope et le lecteur DVD ont déjà remplacé le cinéma.
   LE GRAND-PÈRE: _____

6. JEAN-PAUL: Tous les gens que je connais préfèrent les films en DVD.
   LE GRAND-PÈRE: _____

7. JEAN-PAUL: Il y a toujours quelque chose d'intéressant dans la publicité.
   LE GRAND-PÈRE: _____

8. JEAN-PAUL: Mais ne pars pas! J'ai encore envie de discuter de ce sujet.
   LE GRAND-PÈRE: Moi, je pars. _____

✔ *Vérifiez vos réponses, page 182.*

Développement

E **La télévision et les enfants.** Imaginez que vous êtes psychologue et qu'on vous demande de parler de la mauvaise influence de la télé sur les enfants. Que diriez-vous? Écrivez quatre phrases pour préciser vos idées là-dessus en utilisant une variété d'expressions négatives.

Modèle: Moi, je trouve que ni les informations ni les séries ne sont bonnes pour les enfants.

1. _____

2. _____

3. _____

4. _____

F **Un mauvais film.** On vous a demandé d'écrire la critique d'un film qui vient de sortir et que vous n'avez pas du tout aimé. En un paragraphe de quatre ou cinq phrases, soulignez les aspects négatifs de ce film en utilisant des expressions négatives différentes.

Modèle: Le dénouement n'est pas logique.

_____
_____
_____
_____

Chapitre 6

Nom _____ Date _____

_____
_____
_____
_____
_____
_____
_____
_____

Rappel

Qui is the relative pronoun to use if the clause needs a *subject*;
que is the relative pronoun to use if the clause needs a *direct object*.

To review the relative pronouns that function as objects of prepositions (**de, à, dans**, etc.), see the textbook, pp. 194–196.

III Relative pronouns

Entraînement

G Louis, le cinéphile. Louis, un jeune Français de 24 ans, passe tout son temps au cinéma. Puis, quand il rentre chez lui le soir, il regarde des films à la télé. Il préfère voir les films en version originale et il connaît tous leurs titres en anglais. Complétez les remarques de Louis sur les films qu'il a vus récemment, en ajoutant les **pronoms relatifs** qui conviennent.

1. *Amour & Amnésie (50 First Dates)* est une comédie romantique dans _____ Adam Sandler et Drew Barrymore jouent les rôles principaux.

2. Un film _____ je n'ai pas aimé est *La jeune fille à la perle (Girl with a Pearl Earring)*.

3. Un film _____ m'a beaucoup plu est *Arrête-moi si tu peux (Catch me if you can)*.

4. Mais je ne comprends pas _____ a plu à tant de gens dans *Comment se faire larguer en 10 leçons (How to Lose a Guy in Ten Days)*.

5. Un excellent classique _____ mon père parle toujours est *Key Largo*.

6. *Le Pianiste* est un drame _____ j'ai trouvé très frappant.

7. _____ j'ai trouvé intéressant dans *Harry Potter et le prisonnier d'Azkaban,* c'étaient les effets spéciaux.

8. Pour bien comprendre un film en version originale, il me faut une salle de cinéma _____ les spectateurs ne se parlent pas.

✔ *Vérifiez vos réponses, page 182.*

78 Cahier d'exercices écrits

Nom _____ Date _____

H **Homer et le football.** Dorothée et son père ont des goûts très différents en ce qui concerne la télé. Ils en discutent, mais leurs phrases sont très courtes. En utilisant un **pronom relatif** pour les combiner, faites des phrases plus normales.

   Modèle: Tu aimes le sport. Je ne comprendrai jamais cela.
   Tu aimes le sport, ce que je ne comprendrai jamais.

1. LE PÈRE: Tu regardes tout le temps cette série américaine. Cette série s'appelle *Les Simpson*.
   _____
   _____

2. DOROTHÉE: Et toi? Tu passes trop de temps à regarder ce sport, le football. Je trouve ce sport ennuyeux à mourir.
   _____
   _____

3. LE PÈRE: Mais non! L'équipe française a eu un match extraordinaire contre l'Italie. On se souviendra toujours de ce match.
   _____
   _____

4. LE PÈRE: Les joueurs sont des artistes. Tu ne peux pas comprendre cela.
   _____
   _____

5. DOROTHÉE: Oui, tu as raison. Mais Homer Simpson est un homme drôle. J'aime beaucoup sa conception de la vie.
   _____
   _____

6. DOROTHÉE: Il passe beaucoup de temps dans son salon. Dans ce salon, il s'allonge sur le canapé et regarde la télé.
   _____
   _____

7. LE PÈRE: Et tu l'admires. C'est difficile à croire!
   _____
   _____

8. DOROTHÉE: Oui, Papa. J'ai des goûts différents des tiens *(from yours)*. Il ne faut pas que tu te moques de cela!
   _____
   _____

✔ *Vérifiez vos réponses, page 182.*

Chapitre 6

Nom _____   Date _____

❶ Des devoirs intéressants. Un prof de français demande à ses étudiants d'aller voir le film *Le retour de Martin Guerre* et, ensuite, d'écrire un petit résumé de l'histoire. David ne peut pas rendre sa rédaction parce qu'il ne comprend pas du tout les **pronoms relatifs**! Aidez-le à finir son devoir.

Le film est basé sur une histoire vraie _____ s'est passée dans le sud-ouest de la France au XIVe siècle. Martin Guerre, un jeune homme _____ on voit au début du film, part un jour sans rien dire à personne. Après bien des années, Martin Guerre réapparaît devant sa famille, à _____ il explique qu'il a été soldat pendant ce temps-là. Il y a des membres de la famille _____ ne croient pas _____ cet homme leur raconte. Enfin, on l'accepte à cause de tous les détails du passé _____ il se souvient. Il reprend «sa» vie avec «sa» femme, avec _____ il a deux enfants. _____ arrive à la fin du film est très triste. Le vrai Martin revient, et tous les gens abandonnent l'autre homme _____ leur a dit tant de mensonges. «La femme», _____ aime sincèrement le faux Martin Guerre, essaie de le défendre — _____ son vrai mari ne peut pas supporter. Le faux Martin est condamné à mort et il est pendu devant tout le monde. Je n'oublierai jamais cette scène dans _____ les enfants regardent la pendaison de leur père.

✔ *Vérifiez vos réponses, page 182.*

Développement

❿ Cendrillon. Vous venez de rencontrer quelqu'un qui ne connaît pas l'histoire de *Cendrillon*, et vous voulez lui faire le résumé de ce conte de fées. Complétez les phrases suivantes en vous servant des **pronoms relatifs** appropriés. Essayez d'employer une variété de pronoms.

1. Cendrillon est une jeune fille _____
   _____.

2. Elle habite dans un grand château _____
   _____.

3. Sa belle-mère lui fait faire des tâches ménagères _____
   _____.

4. Ses amis sont les animaux _____
   _____.

5. Un soir, elle va à un bal _____
   _____.

6. Sa pantoufle de verre est découverte par le prince _____
   _____.

7. Il cherche partout, et enfin il trouve le pied _____
   _____.

8. *Cendrillon*, c'est aussi un dessin animé _____
   _____.

80 Cahier d'exercices écrits

K Mon émission préférée. Décrivez, en un paragraphe de quatre ou cinq phrases, votre émission de télévision préférée en donnant beaucoup de détails. Essayez d'utiliser au moins trois **propositions relatives** dans votre description. Si vous ne regardez que rarement la télé, expliquez pourquoi.

Expression

A A quel film pensez-vous? Choisissez un film que vous avez vu récemment et dont vous voudriez résumer l'intrigue. Afin de vous aider à organiser vos idées, répondez d'abord aux questions suivantes.

Grammar: Relative pronouns
Vocabulary: Sequencing events; expressing opinion
Phrases: Arts; entertainment

1. Quel est le titre du film? _____
2. Quel genre de film est-ce? _____
3. Qui sont les acteurs principaux (actrices principales)? _____

4. De quoi s'agit-il dans ce film? (Expliquez en quatre ou cinq phrases ce qui se passe dans le film.)

Chapitre 6   **81**

Nom _____   Date _____

5. Comment est le jeu *(acting)* des acteurs (actrices)?
_____

6. Comment sont les effets spéciaux (s'il y en a)?
_____

7. Comment est la musique?
_____

8. Quelle est votre opinion de ce film?
_____
_____

9. Est-ce que vous encourageriez les autres à aller voir ce film? Pourquoi?
_____
_____

Maintenant, en vous basant sur vos réponses, écrivez un résumé de ce film de deux ou trois paragraphes.

B La star que vous préférez. Qui est votre vedette de cinéma ou de télévision favorite, et pourquoi? Afin de bien convaincre votre lecteur (lectrice) que vous avez de très bonnes raisons de l'admirer, expliquez en détail ce que vous savez de cette personne. Par exemple:

> **Grammar:** Relative pronouns; adjectives
> **Vocabulary:** Describing people; expressing opinion
> **Phrases:** Personality

1. Qui est cette personne?
_____

2. Comment est-elle, physiquement?
_____

3. Que fait-elle?
_____

4. Quand, et pourquoi, avez-vous commencé à l'admirer?
_____
_____

5. Pourquoi, à votre avis, cette personne est-elle meilleure que les autres vedettes?
_____
_____

Maintenant, écrivez un paragraphe basé sur vos réponses.

C Améliorer la télé réalité? On vous demande de créer une émission de télé réalité qui sera bien meilleure que celles qui passent en ce moment à la télévision. Que faites-vous? Où se passe l'action? Qui sont les participants? Quel est le titre? Décrivez cette émission telle que vous l'imaginez. Vous deviendrez célèbre si elle est originale et intéressante!

> **Grammar:** Relative pronouns
> **Vocabulary:** Sequencing events; expressing opinion
> **Phrases:** Arts; people

82 Cahier d'exercices écrits

Nom _____ Date _____

Interlude 2

«France Telecom»

http://slv.heinle.com

FONCTIONS PRINCIPALES
Les possibilités des derniers téléphones Motorola sont infinies...!!! Des fonctions et des caractéristiques qui vous surprendront !

- Types d'alertes - 16 sonneries polyphoniques, 3 sonneries MP3 et espace pour téléchargement (le contenu peut varier selon l'opérateur)
- MOTOMIXER™ (logiciel de sonneries MIDI remixables)
- Jeux J2ME - Hungry Fish ©, Skipping Stones © (selon l'opérateur) et espace pour téléchargement
- Lecture de clips vidéo avec son
- Appareil Photo Numérique Intégré
- Reconnaissance vocale
- Haut-parleur mains libres intégré
- MMS (image / photo + texte + son)
- EMS 5.0
- GSM tri-bande 900/1800/1900
- Autonomie en veille - Autonomie en veille - jusqu'à 215 heures
- Autonomie en communication - Autonomie en conversation - jusqu'à 350 minutes
- GPRS - Classe 10
- WAP - 2.0 / MIB 2.2
- Connection - Mini USB
- Mémoire interne - 1.5 MB
- Couleurs (selon l'opérateur) - Bleu de minuit & Bleu univers cosmique
- Dimensions (H x L x P) - 102.55 x 44 x 19.6 mm
- Volume - 78 cc
- Poids - 85 g

Source: www.hellomoto.com

A Une publicité. Imaginez que vous travaillez pour une agence qui prépare une campagne publicitaire pour un nouveau téléphone portable. Avant de créer votre publicité, répondez aux questions suivantes et faites des listes.

1. Où votre publicité apparaîtra-t-elle: dans les journaux, dans les magazines, sur Internet, à la télévision?
   _____

2. A qui s'adresse cette campagne: aux jeunes, aux gens d'affaires, aux parents?
   _____

3. Comment s'appellera votre téléphone portable?
   _____

Interlude 2   **83**

Nom _____ Date _____

4. Donnez quatre noms pour exprimer ce que votre téléphone offre aux clients:

_____   _____

_____   _____

5. Trouvez quatre verbes pour expliquer ce qu'on peut faire quand on possède votre téléphone:

_____   _____

_____   _____

6. Donnez quatre adjectifs pour décrire comment sera la vie de celui ou de celle qui utilisera votre téléphone:

_____   _____

_____   _____

Maintenant, esquissez *(sketch)* votre publicité. Comparez-la aux publicités créées par vos camarades de classe. Laquelle est la plus convaincante ou la plus amusante?

B Les photo-mobiles: avantages, inconvénients, dangers? De plus en plus de personnes s'achètent un téléphone mobile avec appareil photo intégré. A votre avis, ces photo-mobiles offrent-ils des avantages importants? Y a-t-il des inconvénients ou même des dangers pour celui ou celle qui les utilise? Et pour la société en général?

Avant d'écrire, prenez des notes:

1. Avantages? _____

_____

2. Inconvénients? _____

_____

3. Dangers? _____

_____

Maintenant, écrivez une rédaction de deux ou trois paragraphes. Décrivez les avantages de cette technologie et proposez des solutions aux inconvénients et aux dangers.

C Ma vie privée. Expliquez à un(e) ami(e) qui adore toutes les nouvelles technologies que vous refusez d'avoir un téléphone portable et que vous préférez les lettres écrites à la main au courrier électronique *(e-mail)* et les visites personnelles aux coups de téléphone. En un ou deux paragraphes, décrivez les inconvénients de ces technologies et les avantages d'une vie plus calme et plus privée.

Chapitre 7

Traditions

http://slv.heinle.com

Vocabulaire

Entraînement

A Qui est-ce? Dans la liste de vocabulaire A de votre manuel, trouvez les personnages correspondants aux définitions suivantes. Mettez l'article défini.

1. fils d'un roi ou d'une reine, membre d'une famille royale _____
2. être fabuleux, de taille colossale _____
3. créature mythique qui ressemble à un cheval et qui a une longue corne _____
4. personne d'une taille anormalement petite _____
5. reptile imaginaire qui crache du feu _____
6. apparition surnaturelle d'un mort _____
7. mort qui selon certaines croyances populaires sort de son tombeau pour boire le sang des vivants _____
8. femme imaginaire dotée d'un pouvoir magique _____
9. belle-mère méchante _____
10. personnage principal d'un conte, d'un roman _____

✔ *Vérifiez vos réponses, page 182.*

B Imaginons les personnages. Remplissez les blancs avec les mots qui conviennent de la liste de vocabulaire A de votre manuel.

1. Blanche-Neige, dont la _____ veut qu'elle meure, habite avec les sept _____ dans une forêt. Après avoir mangé une pomme empoisonnée, elle meurt, mais un beau _____ la délivre avec un baiser.

2. Jacques reçoit des fèves *(beans)* magiques quand il vend sa vache. Il monte sur les plantes qu'elles produisent et il arrive au royaume d'un _____ et de sa femme. Ce sont des _____ qui aiment manger les enfants.

Chapitre 7   **85**

Nom _____   Date _____

3. Pour se faire peur le soir dans les colonies de vacances, les enfants se racontent des histoires de _____ (qui boivent du sang), de _____ (les hommes qui se transforment à la pleine lune) et de _____ (les morts qui reviennent hanter les vivants).

✔ *Vérifiez vos réponses, page 183.*

C Les contes: définitions. Dans la liste de vocabulaire B de votre manuel, trouvez les mots qui correspondent aux définitions suivantes. Mettez l'article défini avec le nom.

1. ce qui est extraordinaire, inexplicable _____
2. rêve pénible, angoissant, effrayant _____
3. ce qui est bon _____
4. enchantement magique _____
5. mettre sous le pouvoir d'un sortilège _____
6. avoir peur _____

✔ *Vérifiez vos réponses, page 183.*

Développement

D Comment sont-ils? Dans un conte de fées, les personnages sont souvent stéréotypés. Décrivez la façon dont on présente typiquement les personnages suivants.

Modèle: la sorcière
Elle est vieille, petite, laide. Elle a les cheveux noirs et un grand nez.

1. le chevalier _____
_____

2. le diable _____
_____

3. la bonne fée _____
_____

4. la demoiselle _____
_____

E La peur et le plaisir. Quels sont les éléments des contes de fées qui font peur aux enfants? Qu'est-ce qui leur plaît? Ecrivez un paragraphe de quatre ou cinq phrases pour expliquer pourquoi les enfants aiment les contes de fées.

_____
_____
_____
_____
_____
_____

86   Cahier d'exercices écrits

Nom _____ Date _____

Structures

I Verb review

A Voir, c'est croire. Remplissez les blancs avec les formes qui conviennent du verbe **croire**. Attention aux temps (**présent, imparfait, passé composé, futur**).

Quand j'étais petit, je _____ aux fantômes. Mon frère, à l'âge de quatre ans, avait toujours peur la nuit parce qu'il _____ qu'il y avait un monstre sous son lit. Nous _____ au Père Noël jusqu'à sept ans. Evidemment, maintenant, nous n'y _____ plus. Quand j'aurai des enfants, ils _____ au Père Noël et à la souris *(mouse)* qui donne de l'argent pour les dents. Je _____ qu'un peu de fantaisie fait du bien.

Et vous? _____ -vous ce que vous voyez à la télévision? Il y a des gens qui _____ ce qu'ils lisent dans un journal sérieux mais qui se méfient des informations dans des journaux vendus à la caisse au supermarché.

✔ *Vérifiez vos réponses, page 183.*

II What is the subjunctive? / III Formation of the subjunctive

Entraînement

B Une princesse exigeante *(demanding)*. Une princesse parle à un jeune homme qui voudrait l'épouser. Mettez les verbes entre parenthèses au **subjonctif présent.**

Pour contenter mon père, je veux que tu _____ (aller) chercher la plus jolie fleur du monde dans la forêt magique. Il faut qu'elle _____ (être) parfaite et surtout qu'elle n'_____ pas (avoir) d'épines *(thorns)*. Je doute que tu _____ (pouvoir) en trouver une, mais il est important que tu _____ (faire) un gros effort pour moi. Il est possible qu'une vieille sorcière t'_____ (aider) si tu as de la chance. Il est essentiel que je te _____ (dire) mes vrais sentiments: je t'aime de tout mon cœur. Il vaut mieux que nous _____ (s'embrasser) avant que tu _____ (partir) parce que je ne sais pas quand tu reviendras.

✔ *Vérifiez vos réponses, page 183.*

Chapitre 7 **87**

Nom _____ Date _____

C Le jeune homme lui répond. Mettez les verbes entre parenthèses au **subjonctif présent.**

Je suis content que tu m'_____ (aimer), mais j'ai peur que ton père _____ (vouloir) te donner en mariage à un autre homme pendant mon absence. Alors j'insiste pour que tu _____ (refuser) de quitter ta chambre avant mon retour. Il est important que nous _____ (être) fidèles l'un à l'autre. Mais nous pourrions faire autre chose. Je préfère que nous _____ (aller) chercher cette fleur ensemble. Il se peut que ton père nous _____ (poursuivre) mais il ne nous trouvera jamais.

✔ *Vérifiez vos réponses, page 183.*

D Et après? Le père de la demoiselle est bien plus gentil que le jeune couple ne croyait. Voici ses réactions à leur retour. Mettez les verbes entre parenthèses au **subjonctif passé.**

Je suis triste que vous _____ (partir) sans nous le dire. Ma femme et moi, nous sommes désolés que notre fille _____ (ne pas nous dire) qu'elle vous aimait. Mais nous sommes contents que vous _____ (décider) de revenir. Il aurait été important que vous nous _____ (expliquer) pourquoi vous étiez partis. Finalement, il est bon que notre fille _____ (trouver) l'homme de ses rêves.

✔ *Vérifiez vos réponses, page 183.*

Développement

E Je ne le pense pas. Quelle est votre réaction aux phrases suivantes? Trouvez une expression qui exige le **subjonctif** pour vous exprimer. Utilisez au moins quatre expressions différentes.

   Modèle: Une princesse est toujours belle.
           Je ne crois pas qu'une princesse soit toujours belle.

1. Les contes de fées sont dangereux pour les enfants.
   _____

2. Les dragons font rire les enfants.
   _____

3. Il y a toujours des monstres dans les contes de fées.
   _____

4. On peut facilement tuer les vampires.
   _____

5. On voit des spectres pendant la journée.
   _____

Nom _____ Date _____

F **«Ils vécurent heureux et eurent beaucoup d'enfants.»** Que pensez-vous de cette fin traditionnelle des contes de fées en français? Est-ce que vivre heureux et avoir beaucoup d'enfants est le but *(goal)* d'un couple moderne? Finissez les phrases pour donner votre opinion.

1. Je suis étonné(e) que _____
   _____.

2. Il n'est pas essentiel que _____
   _____.

3. Je doute que _____
   _____.

4. Il vaut mieux que _____
   _____.

5. J'aime mieux que _____
   _____.

IV Usage of the subjunctive

Entraînement

G **Qu'est-ce qui suit?** Dans la fable *La Cigale et la Fourmi,* La Fontaine raconte l'histoire d'une cigale qui chante tout l'été au lieu de travailler. Quand elle découvre qu'elle n'aura rien à manger pour l'hiver, elle demande à la fourmi de l'aider. Celle-ci refuse. Pour chacune des phrases suivantes, indiquez (avec un X) si le verbe dans la proposition subordonnée doit être à l'**infinitif**, à l'**indicatif** ou au **subjonctif**.

	Infinitif	Indicatif	Subjonctif
1. La cigale préfère	____	____	____
2. La cigale a peur que	____	____	____
3. Elle espère que	____	____	____
4. Il est possible que	____	____	____
5. La fourmi refuse de	____	____	____
6. Elle insiste pour que	____	____	____
7. Elle veut que	____	____	____
8. Il est probable que	____	____	____
9. Je ne crois pas que	____	____	____
10. Il est important de	____	____	____

✔ *Vérifiez vos réponses, page 183.*

Nom _____ Date _____

H Enfants et parents. Remplissez chaque blanc avec la forme convenable du verbe entre parenthèses (**infinitif, présent de l'indicatif, présent du subjonctif**).

Les enfants _____ (aimer) bien _____ (écouter) des contes de fées, quoiqu'ils _____ (avoir) quelquefois peur. Le soir, avant de _____ (se coucher), ils _____ (demander) à leurs parents de leur _____ (lire) leur livre favori. Souvent, ils _____ (vouloir) que leur père ou leur mère _____ (relire) la même histoire plusieurs fois bien qu'ils la _____ (savoir) par cœur. Il se _____ (pouvoir) que le parent _____ (s'ennuyer) à devoir la _____ (répéter) tous les soirs, mais les enfants _____ (insister) pour qu'il le _____ (faire). Comme le parent _____ (préférer) que ses enfants _____ (s'endormir), il leur _____ (obéir).

✔ *Vérifiez vos réponses, page 183.*

I Cendrillon. Vous connaissez certainement l'histoire de *Cendrillon*, la belle jeune fille qui avait perdu sa pantoufle au bal. Voici une version de son histoire. Mettez les verbes entre parenthèses aux temps (l'histoire est racontée **au passé**) et au mode (**indicatif** ou **subjonctif, présent** ou **passé**) convenables.

Il _____ (être) une fois, une demoiselle qui _____ (vivre) près d'un énorme château. Sa marâtre _____ (vouloir) que sa belle-fille, Cendrillon, _____ (faire) toutes les tâches domestiques.

Un jour, un page _____ (annoncer) qu'il y _____ (avoir) un bal au château, afin que le prince _____ (pouvoir) _____ (choisir) une dame parmi les invitées. La demoiselle _____ (ne pas être) contente qu'on _____ (inviter) ses belles-sœurs au bal et qu'elle _____ (devoir) rester à la maison. Mais après le départ de ses sœurs, une fée _____ (venir) pour la _____ (aider). La bonne fée lui _____ (donner) un carrosse et une jolie robe pour qu'elle _____ (pouvoir) aller au bal. La demoiselle _____ (être) très contente d'y _____ (assister).

Cendrillon et le prince _____ (danser) toute la soirée, mais il _____ (falloir) qu'elle _____ (partir) avant qu'il _____ (être) minuit.

Le prince, qui _____ (ne pas savoir) le nom de la jolie demoiselle, _____ (être) heureux qu'elle _____ (laisser) une pantoufle en partant. Le prince _____ (chercher) partout—la chaussure en main—parce qu'il _____ (se promettre) de se marier à condition de _____ (retrouver) la demoiselle. Quand il _____ (arriver) chez Cendrillon, elle _____ (essayer) la chaussure qui lui _____ (aller) parfaitement. Ils _____ (se marier) au mois de juin et ils _____ (aller) à Disneyland Paris pour leur lune de miel.

✔ *Vérifiez vos réponses, page 183.*

90 Cahier d'exercices écrits

Nom _____ Date _____

Développement

J Encore Cendrillon. L'histoire de Cendrillon est l'histoire d'une pauvre jeune fille tourmentée par sa méchante belle-mère et ses vilaines belles-sœurs. Réagissez aux phrases suivantes en vous mettant à la place des personnages du conte. Faites les changements nécessaires et variez vos expressions.

Modèle: Elle a perdu une pantoufle.
LE PRINCE: **Je suis content qu'elle ait perdu une pantoufle.**
CENDRILLON: **Je suis fâchée d'avoir perdu une pantoufle.**

1. Cendrillon fait tout le travail.
   CENDRILLON: _____
   UNE DES BELLES-SŒURS: _____

2. Les belles-sœurs sont plus jolies que Cendrillon.
   LEUR MÈRE: _____
   LE PRINCE: _____

3. Cendrillon ne peut pas aller au bal.
   CENDRILLON: _____
   LES BELLES-SŒURS: _____

4. Elle a de très petits pieds.
   LES BELLES-SŒURS: _____
   LE PRINCE: _____

5. Le prince épouse Cendrillon.
   LE PRINCE: _____
   LA BELLE-MÈRE: _____
   CENDRILLON: _____

K Le Petit Chaperon rouge. Finissez chacune des phrases suivantes de manière logique selon le conte, en utilisant un **infinitif** ou une proposition subordonnée au **subjonctif**, selon les indications données.

Modèles: Le loup se déguise pour **tromper le Petit Chaperon rouge.**
Le loup se déguise pour que **le Petit Chaperon rouge ne le reconnaisse pas.**

1. La mère du Petit Chaperon rouge l'envoie chez sa grand-mère afin que _____.

2. Elle cueille des fleurs avant de _____.

3. Elle parle au loup bien que _____.

4. Le loup court vite chez la grand-mère pour _____.

Chapitre 7   **91**

Nom _____   Date _____

5. La petite parle à sa grand-mère sans _____
_____.

6. Le bûcheron peut sauver la petite et sa grand-mère à condition que _____
_____.

L La peur. A l'heure actuelle, les films d'épouvante et les romans qui font peur aux lecteurs (ceux de Stephen King, par exemple) ont beaucoup de succès. Pourquoi aime-t-on avoir peur? Complétez les phrases suivantes pour exprimer votre opinion à ce sujet.

1. Il est curieux que _____
_____.

2. Il est important de / que _____
_____.

3. Il est dangereux de _____
_____.

4. Je ne crois pas que _____
_____.

5. Il y a des psychologues qui pensent que _____
_____.

Expression

A Et la suite? Vous êtes-vous déjà demandé ce qui arrive à Cendrillon après son mariage avec le prince, au Petit Chaperon rouge après la mort du loup, à Boucles d'or après avoir fui les trois ours? Choisissez un conte de fées que vous connaissez bien et continuez l'histoire. Ecrivez deux paragraphes au **passé** et n'oubliez pas les expressions de temps (**d'abord, ensuite, puis, enfin,** etc.). (Voir page 42 de ce *Cahier*.)

SYSTÈME-D
Grammar: Imperfect; compound past tense; pluperfect
Vocabulary: Sequencing events; writing about characters
Phrases: People; tales and legends

92 Cahier d'exercices écrits

Nom _____ Date _____

B D'un autre point de vue. Choisissez un conte que vous connaissez bien et racontez-le du point de vue d'un des personnages secondaires, par exemple, la grand-mère (ou le loup) dans *Le Petit Chaperon rouge,* une des belles-sœurs de Cendrillon, un des sept nains de Blanche-Neige, etc. Avant d'écrire, répondez aux questions sous forme de notes.

> **Grammar:** Present; past conditional; conditional
> **Vocabulary:** Expressing exasperation; hypothesizing; stating a preference
> **Phrases:** Tales and legends

1. Qui êtes-vous? Comment êtes-vous physiquement et moralement?
   _____
   _____

2. Quel est votre rôle dans l'histoire?
   _____
   _____

3. Quelle est votre réaction face à ce qui se passe? Etes-vous jaloux (jalouse), content(e), fâché(e)?
   _____
   _____

4. D'après vous, qu'est-ce qui aurait dû arriver?
   _____
   _____

Maintenant, racontez l'histoire de votre point de vue personnel.

C Il faut que tout soit différent! Vous êtes sorcier (sorcière) et puisque vous n'êtes pas du tout content(e) du monde tel qu'il est, vous voulez tout changer. Avant d'utiliser vos pouvoirs magiques, vous pensez aux changements que vous allez faire.

> **Grammar:** Subjunctive
> **Vocabulary:** Expressing hopes and aspirations; expressing opinion or preference
> **Phrases:** People; tales and legends

Ecrivez deux paragraphes pour expliquer ce que vous voulez changer et en quoi vous allez changer ces choses. Utilisez des expressions telles que: **il est important de / que, il faut, il vaut mieux, je veux, j'exige, j'insiste pour que, je préfère,** etc.

Avant d'écrire, dites ce qui ne vous plaît pas.

_____
_____
_____
_____
_____
_____
_____

Chapitre 7   93

Nom _____ Date _____

Chapitre 8

En famille

http://slv.heinle.com

Vocabulaire

Entraînement

A Qui est-ce? Dans les listes A et B de vocabulaire de votre manuel, trouvez les mots qui correspondent aux définitions suivantes. Mettez l'article défini pour les noms.

1. un enfant qui n'a ni frère ni sœur   _____
2. le mari de votre mère, qui n'est pas votre père   _____
3. une famille dans laquelle il y a beaucoup d'enfants   _____
4. l'enfant le plus âgé   _____
5. une femme qui a un enfant mais qui n'est pas mariée   _____
6. la fille qu'un garçon aime et avec laquelle il passe beaucoup de temps   _____
7. une femme qui ne travaille pas en dehors de la maison   _____
8. une famille dont le père et la mère ne vivent plus ensemble   _____

✔ *Vérifiez vos réponses, page 183.*

B Des synonymes. Dans la liste C de vocabulaire de votre manuel, trouvez un synonyme pour chaque verbe suivant.

1. se donner un baiser   _____
2. se vexer   _____
3. s'accoutumer   _____
4. terminer un mariage   _____
5. réprimander   _____
6. se quereller   _____

✔ *Vérifiez vos réponses, page 183.*

Chapitre 8   **95**

Nom _____ Date _____

C Etre indépendant(e). Dans la liste E de vocabulaire de votre manuel, trouvez les mots ou les expressions convenables pour compléter les phrases.

1. Si vous louez un appartement ou une maison, vous devez payer le _____.

2. A la fin du mois, on a souvent des _____ à payer: le téléphone, l'électricité, la carte de crédit.

3. Si vous partagez votre appartement avec quelqu'un qui paie une partie du loyer et des charges, vous avez un(e) _____.

4. Quand vous vous installez dans votre propre appartement, vous devez vous occuper des _____ puisque votre mère ne les fera plus pour vous.

5. Il est utile d'avoir un lave-linge pour _____ si vous voulez avoir des vêtements propres.

6. Si vous n'avez pas de jardin, vous ne _____ jamais le _____.

✔ *Vérifiez vos réponses, page 183.*

Développement

D Des contrastes. Faites deux listes de cinq expressions ou mots du vocabulaire que vous associez avec (1) une famille heureuse et (2) une famille malheureuse.

1. une famille heureuse
   _____
   _____
   _____
   _____
   _____

2. une famille malheureuse
   _____
   _____
   _____
   _____
   _____

E La famille idéale. Comment est la famille idéale pour vous? En un paragraphe de cinq ou six phrases, décrivez-la en utilisant beaucoup de mots ou d'expressions des listes de vocabulaire.

_____
_____
_____
_____
_____
_____
_____
_____
_____
_____

Structures

I Verb review

A Quels changements! Un médecin raconte son histoire. Remplissez les blancs avec les formes qui conviennent des verbes de la liste. Attention aux temps (**présent, imparfait, passé composé, futur, infinitif**). Faites les changements nécessaires. Vous pouvez utiliser un verbe plus d'une fois.

devenir / obtenir / revenir / soutenir / se souvenir / venir / vivre

Je _____ avec plaisir de mon enfance. Nous _____ dans un petit village où mon père était instituteur. Mes parents me _____ dans tous mes projets. Je savais que je voulais _____ dans une grande ville à la fin de mes études et quand je _____ mon diplôme de médecin, je _____ à Bordeaux. J'avais pourtant promis à mes parents de _____ dans notre village un jour. Quand ma fille _____ médecin, elle a décidé de retourner au village de mes parents. Elle y _____ depuis cinq ans et ma femme et moi, nous lui rendons souvent visite. Quand j'aurai pris ma retraite, j'y _____ aussi.

✔ *Vérifiez vos réponses, page 183.*

II Adverbs

Entraînement

B Trouvez l'adverbe. Ecrivez les adverbes qui correspondent aux adjectifs suivants.

1. récent _____
2. bon _____
3. relatif _____
4. poli _____
5. franc _____
6. heureux _____
7. premier _____
8. bref _____
9. gentil _____
10. lent _____

✔ *Vérifiez vos réponses, page 183.*

Chapitre 8

Nom _____   Date _____

C Trouvez l'adjectif. Ecrivez la forme masculine des adjectifs qui correspondent aux adverbes suivants.

1. violemment _____
2. clairement _____
3. malheureusement _____
4. discrètement _____
5. moralement _____
6. mal _____
7. typiquement _____
8. amicalement _____
9. généralement _____
10. constamment _____

✔ *Vérifiez vos réponses, page 183.*

D Une journée typique. Nicole nous décrit une journée typique chez elle. Dans cette description, comme vous voyez, il n'y a pas d'adverbes. Afin d'améliorer le paragraphe, insérez les **adverbes** de la liste suivante à l'endroit qui convient le mieux. Pour certains adverbes, il y a plusieurs possibilités. La première phrase vous sert de modèle.

d'abord / dur / ensemble / ensuite / gentiment / heureusement / immédiatement / joyeusement / rapidement / souvent / tard / ~~tôt~~ / tous les soirs

                  tôt
Tout le monde se lève ∧ chez nous. On se met à table pour un bon petit déjeuner. Ma grand-mère range la cuisine, ma mère s'habille pour aller au bureau et mon père reprend ses exercices de chant. Mon frère offre d'aider ma grand-mère, tandis que moi, je pars à la fac. Tout le monde travaille pendant la journée, et mon frère, ma mère et moi, nous rentrons le soir pour le dîner. Ma grand-mère et mon père adorent faire la cuisine; un délicieux dîner nous attend.

✔ *Vérifiez vos réponses, page 183.*

Développement

E Comment faites-vous cela? Ecrivez des phrases pour les actions indiquées, en les modifiant avec des **adverbes** variés pour donner un peu de détail.

   Modèle: me lever le matin
         Je me lève tôt le matin.

1. m'entendre avec ma famille

_____

2. passer du temps avec mes grands-parents

_____

3. ranger ma chambre ou mon appartement

_____

Nom _____ Date _____

4. soutenir mes amis

_____

5. payer mes factures

_____

F Des rapports difficiles. Décrivez, en un paragraphe de quatre ou cinq phrases, les rapports dans une famille éclatée. Utilisez beaucoup d'adverbes pour modifier les verbes et les adjectifs.

Modèle: On crie beaucoup. On se téléphone rarement.

_____
_____
_____
_____
_____
_____
_____
_____
_____

III Comparison of adverbs

Entraînement

G Ils sont comme ça. Un jeune Canadien compare les membres de sa famille. Formez des **phrases comparatives** à l'aide des éléments indiqués. Faites les changements nécessaires.

1. Ma mère / danser / (+) rarement / ma sœur

Ma mère danse plus rarement que ma sœur

2. Mes parents / regarder / (−) souvent / la télé / mes frères

Mes parents regardent moins souvent que la télé

3. Je / parler anglais / (+) bien / mon père

Je parle anglais plus bien que mon père.

4. Nous / se disputer / (−) fréquemment maintenant / autrefois

Nous nous disputons moins fréquemment maintenant que autrefois

5. Mon père / jouer de la guitare / (=) bien / moi

Mon père joue de la guitare aussi bien que moi.

✔ *Vérifiez vos réponses, page 184.*

Chapitre 8 **99**

Nom _____ Date _____

H Ils sont bizarres? Tous les membres de votre famille sont exceptionnels. En utilisant les éléments donnés, écrivez des phrases superlatives. Faites les changements nécessaires.

Modèle: dans ma famille, ma grand-mère / faire du jogging / (+) lentement
Dans ma famille, ma grand-mère fait du jogging le plus lentement.

1. Dans ma famille, mon cousin / conduire / (+) mal
   Dans ma famille, mon cousin conduit le plus mal

2. Et ma tante / parler / (+) fort de nous tous
   Et ma tante parle le plus fort de nous tous

3. C'est mon oncle qui / tondre le gazon / (–) souvent
   C'est mon oncle qui tond le gazon le moins souvent

4. Et mon grand-père / s'occuper / (+) bien / de ses petits-enfants
   Et mon grand-père s'occupe le plus bien/mieux de ses petits-enfants

5. Parmi les jeunes, je / se coucher / (–) tard
   Parmi les jeunes, je me couche le moins tard

✓ *Vérifiez vos réponses, page 184.*

Développement

I Chez vous? Choisissez un membre de votre famille à qui vous voulez vous comparer. Employez des **adverbes** variés pour indiquer comment vous et la personne choisie faites les activités indiquées.

Modèle: faire du ski
La personne à qui vous vous comparez: **mon mari**
Mon mari fait du ski mieux que moi.

La personne à qui vous vous comparez: _____

1. faire la cuisine _____
2. parler français _____
3. dormir _____
4. travailler _____
5. se fâcher _____

J Qui le fait le mieux? Chacun de vos amis ou chacun des membres de votre famille a sans doute un talent qui le distingue des autres. Présentez-les en un paragraphe de quatre ou cinq phrases, en utilisant des adverbes variés au superlatif.

Modèle: Mon fils travaille le mieux avec les ordinateurs, mais mon mari fait le plus souvent du sport.

_____
_____
_____
_____
_____

100 Cahier d'exercices écrits

Nom _____ Date _____

IV Comparison of nouns

Entraînement

K C'est vrai? En utilisant les éléments donnés, écrivez des questions pour comparer les mères et les pères, les enfants et les parents. Faites les changements nécessaires.

1. Est-ce que / les mères / avoir / (+) patience / les pères
   Est-ce que les mères ont plus patience que les pères?
2. Est-ce que / les pères / dépenser / (−) argent / leurs enfants
   Est-ce que les pères dépensent moins argent que leurs enfants?
3. Est-ce que / les enfants / acheter / (=) vêtements / leurs parents
   Est-ce que les enfants achetons aussi vêtements que leurs parents?
4. Est-ce que / les filles / passer / (+) temps / dans la salle de bains / leurs frères
   Est-ce que les filles passent plus temps que dans le salle de bains que leurs frères?
5. Est-ce que / les femmes au foyer / boire / (=) café / les femmes qui travaillent en dehors de la maison
   Est-ce que les femmes au foyer boivent aussi café que les femmes qui travaillent en dehors de la maison?

✓ *Vérifiez vos réponses, page 184.*

L C'est admirable? Un ami décrit sa famille en exagérant. Faites des phrases avec les éléments donnés en utilisant le superlatif (**le plus / le moins**) des noms.

   Modèle: nous / avoir / (+) téléviseurs
   Nous avons le plus de téléviseurs.

1. Ma sœur / avoir / (+) accidents de voiture
   Ma sœur est le plus accidents de voiture.
2. Mon père / recevoir / (+) amendes pour excès de vitesse
   Mon père reçoit le plus amendes pour excès de vitesse.
3. Ma mère / faire / (−) sport
   Ma mère fait le moins sport.
4. Mon grand-père / fumer / (+) cigarettes
   Mon grand-père fume le plus cigarettes.
5. Nous / lire / (−) livres
   Nous lisons le moins livres.

✓ *Vérifiez vos réponses, page 184.*

Développement

M La famille nombreuse. En un petit paragraphe, comparez la famille nombreuse à la famille qui n'a qu'un seul enfant en utilisant quelques-unes des catégories suivantes: enfants, chambres dans la maison, bruit à la maison, disputes, vaisselle à faire, argent, temps libre, etc.

_____
_____

Chapitre 8

Nom _____ Date _____

_____
_____
_____
_____
_____

(V) Demonstrative pronouns

Entraînement

N Le dimanche. Une amie vient de passer une année en France où elle a vécu dans une famille française. Elle vous décrit une coutume française. Remplissez chaque blanc avec le **pronom démonstratif** convenable.

En France, les familles se réunissent plus souvent que _celles_ en Amérique, surtout le dimanche. Le repas du dimanche est _celui_ où tous les cousins et cousines discutent et s'amusent. Cette réunion du dimanche est _celle_ pour laquelle la maman passe beaucoup de temps à la cuisine et le papa est _celui_ qui lui donne un coup de main, s'il est gentil. Typiquement, les hommes sont _ceux_ qui servent l'apéro et le vin. Je crois que je préfère cette coutume à _celle_ de chez moi où le dimanche est un jour comme tous les autres.

✔ *Vérifiez vos réponses, page 184.*

O La famille recomposée. Ces phrases décrivent, de manière exagérée, une famille recomposée. Remplissez chaque blanc avec le **pronom démonstratif** convenable.

1. Sa mère actuelle est plus sympa que _celle_ d'il y a cinq ans.
2. Son père préfère les enfants de sa deuxième femme à _celui ceux_ de sa troisième femme.
3. Le chien de sa première femme ne s'entend pas avec _celui_ de sa nouvelle femme.
4. Les enfants téléphonent plus souvent à leur grand-mère du premier mariage qu'à _ceux celle_ du second.
5. Ce mariage réussit mieux que _celui_ de mes parents.

✔ *Vérifiez vos réponses, page 184.*

Développement

P Votre propre expérience. Complétez les phrases suivantes en vous référant à votre propre expérience dans votre famille. Employez le **pronom démonstratif** qui convient dans la construction de chaque phrase.

   Modèle: De toutes mes tantes, je préfère **celle qui habite à la Martinique parce qu'elle m'invite souvent à lui rendre visite.**

1. De tous mes cousins, je connais le mieux _____
_____.

2. De tous les voyages que j'ai faits avec mes parents, je me souviens toujours de _____
_____.

102 Cahier d'exercices écrits

Nom _____ Date _____

3. De toutes les tâches ménagères que je devais faire à la maison, j'aimais le moins _____
_____.

4. De tous mes anniversaires, je n'oublierai jamais _____
_____.

5. Quand je pense aux expériences de mon enfance, la plus difficile était _____
_____.

Expression

Ⓐ La photo. Choisissez une photo de famille (ou choisissez une photo dans un magazine). Imaginez et décrivez les personnes et leurs rapports en deux ou trois paragraphes. (Voir le début du texte de Simone de Beauvoir, *Sur le vif,* page 120). Prenez quelques notes pour préparer votre description.

> **SYSTÈME-D**
> **Grammar:** Present tense; demonstrative pronouns
> **Vocabulary:** Describing people; describing the past
> **Phrases:** Family members; people; body; eyes; hair colors

1. les personnes sur la photo _____
_____

2. leurs rapports _____
_____

3. leur histoire _____
_____

Ⓑ Un moment décisif. Y a-t-il eu un moment important dans vos rapports avec vos parents dont vous vous souvenez encore (voir la deuxième partie du texte de Simone de Beauvoir, *Sur le vif,* page 121)? Racontez cet épisode de votre enfance ou de votre jeunesse. Si vous ne vous souvenez pas d'un tel moment, vous pouvez en inventer un. Avant d'écrire, prenez quelques notes.

> **SYSTÈME-D**
> **Grammar:** Compound past tense; imperfect; prepositions with times and dates
> **Vocabulary:** Sequencing events; talking about past events
> **Phrases:** Family members

1. Qu'est-ce qui s'est passé? _____
_____

2. Quand cela s'est-il passé? _____

3. Où? _____

4. Avec qui? _____

5. Quelles ont été les réactions des personnes? _____

6. Pourquoi est-ce vous vous en souvenez toujours? _____
_____

Chapitre 8   **103**

Nom _____ Date _____

C Le journal intime. Vous venez de vous installer dans votre nouvel appartement et vous êtes très content(e) d'avoir enfin votre indépendance. Dans votre journal intime, décrivez en deux paragraphes une journée typique de votre nouvelle vie.

> **Grammar:** Present tense; relative pronoun (**ce qui, ce que**); adverbs of time
> **Vocabulary:** Talking about habitual actions; talking about routines; expressing compulsion / obligation
> **Phrases:** Housing; entertainment; leisure

Avant d'écrire, faites deux listes.

1. ce que vous pouvez faire maintenant

_____
_____
_____
_____
_____

2. ce que vous devez faire maintenant

_____
_____
_____
_____
_____

Maintenant, décrivez une journée typique.

104 Cahier d'exercices écrits

Chapitre 9

Sans frontières

http://slv.heinle.com

Vocabulaire

Entraînement

A De quoi parle-t-on? Dans la liste de vocabulaire A de votre manuel, trouvez les mots appropriés pour compléter les phrases suivantes.

1. Pour voyager à l'étranger, il vous faut un _____, et si vous restez longtemps dans un pays étranger pour étudier ou travailler, vous avez souvent besoin d'un _____ du pays où vous allez.

2. Si vous perdez vos papiers quand vous êtes à l'étranger, vous vous adresserez au _____ de votre pays de résidence.

3. Dans la plupart des pays, seulement les _____ ont le droit de vote.

4. Depuis l'an 2004, il y a vingt-cinq pays membres de _____, mais, à part la Suisse, presque tous les pays du monde sont membres de _____.

5. Une ONG telle que Médecins sans frontières apporte de _____ dans des régions où il y a des guerres ou des catastrophes comme des tremblements de terre *(earthquakes)*.

✔ *Vérifiez vos réponses, page 184.*

B Les verbes et les noms. Dans les listes de vocabulaire B et C de votre manuel, trouvez les noms apparentés aux verbes suivants. Mettez l'article défini.

1. armer _____
2. combattre _____
3. s'accorder _____
4. s'allier _____
5. bombarder _____
6. maintenir _____
7. traiter _____
8. pacifier _____

✔ *Vérifiez vos réponses, page 184.*

Nom _____ Date _____

Développement

C Que font-ils? En utilisant autant de mots des listes de vocabulaire de votre manuel que possible, expliquez ce que font les personnes suivantes.

Modèle: Un bénévole **travaille pour une ONG dans le Tiers-Monde.**

1. Un diplomate _____
   _____.

2. Un soldat _____
   _____.

3. Une femme politique _____
   _____.

4. Un réfugié _____
   _____.

5. Un pacifiste _____
   _____.

D La différence. Quelles sont les différences entre une armée et des forces de maintien de la paix? Comparez leurs buts en un paragraphe de quatre ou cinq phrases en utilisant des mots des listes de vocabulaire de votre manuel.

_____
_____
_____
_____
_____
_____
_____
_____

Structures

I Verb review

A *Vaincre* ou *convaincre*? Complétez chacune des phrases suivantes avec le verbe **vaincre** ou **convaincre** et mettez-le à la forme qui convient. Attention au temps!

1. Pour éviter une guerre, les diplomates se réunissent. Ils veulent _____ les gouvernements de négocier.

2. En 1945, les Alliés _____ d'abord l'Allemagne, puis le Japon.

3. J'espère qu'un jour nous _____ les Israéliens et les Palestiniens de vivre ensemble en paix.

106 Cahier d'exercices écrits

Nom _____ Date _____

4. Napoléon s'est dit: «Il faut que je _____ la Russie.»
5. S'il n'avait pas fait si froid, son armée _____ les Russes.
6. Pendant que le Secrétaire général de l'ONU _____ les ennemis de signer le traité, les armées continuaient à se battre sur le terrain.
7. La fin de la Guerre froide nous _____ que les armes nucléaires ne servent plus à rien.

✔ *Vérifiez vos réponses, page 184.*

Ⅲ Requesting information

Entraînement

B Des Casques bleus. Vous lisez une partie d'une interview avec un officier des Casques bleus (les forces de maintien de la paix de l'ONU). Malheureusement, l'ordinateur a effacé toutes les questions, alors il n'est pas très facile de comprendre les réponses. Trouvez les questions.

1. LE JOURNALISTE: _____
   L'OFFICIER: Nous sommes sur le terrain depuis six mois.

2. LE JOURNALISTE: _____
   L'OFFICIER: C'est l'ONU qui nous a envoyés ici.

3. LE JOURNALISTE: _____
   L'OFFICIER: Mes soldats viennent de Suède.

4. LE JOURNALISTE: _____
   L'OFFICIER: Il y a 1 500 soldats en tout.

5. LE JOURNALISTE: _____
   L'OFFICIER: Loger tous les réfugiés pose de gros problèmes.

6. LE JOURNALISTE: _____
   L'OFFICIER: Nous ne pouvons pas partir parce que la guerre civile continue.

7. LE JOURNALISTE: _____
   L'OFFICIER: La solution? Diviser le pays en deux.

8. LE JOURNALISTE: _____
   L'OFFICIER: Cet accord sera difficile, mais on ne doit plus hésiter.

9. LE JOURNALISTE: _____
   L'OFFICIER: Les diplomates doivent résoudre ces problèmes, pas les soldats.

✔ *Vérifiez vos réponses, page 184.*

Développement

C Un départ difficile. Vous venez d'annoncer à votre famille que vous avez décidé de vous porter volontaire pour Amnesty International pendant un an. Ils ne sont pas ravis de votre décision et ils vous posent beaucoup de questions. Ecrivez une question différente (et logique) pour chaque membre de la famille.

1. votre père _____
_____

2. votre mère _____
_____

3. votre grand-mère _____
_____

4. votre grand-père _____
_____

5. votre frère cadet _____
_____

6. votre sœur aînée _____
_____

7. votre beau-frère _____
_____

8. votre neveu de cinq ans _____
_____

IV Hypothesizing

Entraînement

D Des rêves. Mettez les verbes entre parenthèses à la forme du **conditionnel** (**présent** ou **passé**) qui convient.

1. Si nous n'avions pas d'armes, nous _____ (avoir) moins de violence.

2. Le gouvernement _____ (pouvoir) aider les pays en voie de développement s'il ne dépensait pas tant pour des bombes.

3. Les peuples de l'ancienne Yougoslavie _____ (ne pas se battre) si le gouvernement à Belgrade avait été plus tolérant.

4. Si les Israéliens et les Palestiniens vivaient en paix, les autres pays du Moyen-Orient _____ (signer) aussi des traités.

5. Nous _____ (se mettre) d'accord plus vite sur le traité au Viêt Nam si nous avions compris que nous ne gagnerions pas la guerre.

6. Les frontières en Amérique du Nord _____ (disparaître) s'il n'y avait plus de grandes différences économiques entre nos pays.

7. Si Nixon n'était pas allé en Chine, le commerce _____ (se développer) plus lentement avec ce pays-là.

Nom _____ Date _____

8. Si tu étais président(e), tu _____ (changer) tout.

9. Et moi, je _____ (être) pacifiste si j'étais plus idéaliste.

✔ *Vérifiez vos réponses, page 184.*

Développement

E Et si X était président(e)? Comment serait notre pays (et le monde) si une personne de votre choix était président(e)? Qu'est-ce qui serait différent? Qu'est-ce qui ne changerait pas? Choisissez d'abord la personne, puis imaginez et décrivez la situation, en un paragraphe de cinq ou six phrases au **conditionnel.**

la personne: _____

_____
_____
_____
_____
_____
_____

V Describing

Entraînement

F Le citoyen du monde. Complétez les descriptions en mettant **le nom** et **l'adjectif** entre parenthèses à la forme et à la place qui conviennent. Faites les changements nécessaires.

On pourrait dire que l'étudiant Taïeb représente le _____ (citoyen / nouveau) du _____ (monde / actuel). Ses parents ont quitté leur _____ (pays / ancien). Sa _____ (mère / russe) et son _____ (père / marocain) l'ont envoyé à _____ (l'école / français). Puis il a décidé de faire des études de _____ (lettres / moderne) en France. Après deux ans d'études à la fac à Montpellier, il est parti pour les Etats-Unis où il a trouvé un poste d'assistant dans une _____ (université / grand / public) du sud-est. Les _____ (étudiants / jeune / américain) étaient sympathiques pour la plupart. Il a trouvé l' _____ (expérience / intéressant) et il s'est inscrit en maîtrise. Quelle est maintenant sa _____ (patrie / vrai)?

✔ *Vérifiez vos réponses, page 185.*

G Les papiers. Un étranger a parfois du mal à savoir quels papiers il lui faut s'il veut rester en France. Combinez les deux phrases en utilisant un **pronom relatif.**

1. Vous avez besoin d'un visa. Il est valable pendant trois ans.

_____
_____

Chapitre 9   **109**

Nom _____ Date _____

2. Il vous faut aussi une carte de séjour. Vous irez chercher cette carte à la préfecture.

_____

_____

3. Pour avoir cette carte, vous devez faire la queue. Cela est embêtant.

_____

_____

4. Avez-vous tous les documents? Vous aurez besoin de ces documents.

_____

_____

5. Les fonctionnaires ne seront pas toujours très sympathiques. Vous parlerez à des fonctionnaires.

_____

_____

✔ *Vérifiez vos réponses, page 185.*

H L'asile. Un réfugié politique explique ses problèmes. Insérez les **adverbes** de la liste suivante à l'endroit qui convient le mieux.

bientôt / d'abord / dur / énormément / ensuite / heureusement / maintenant / récemment / vite

J'ai quitté mon pays pour demander l'asile en France. On m'a refusé. On m'a accepté mais ça n'a pas été facile. Trouver du travail m'a préoccupé mais j'ai un patron qui a compris que j'acceptais de travailler. Ma famille viendra me rejoindre.

✔ *Vérifiez vos réponses, page 185.*

I La situation des immigrés. Faites des phrases comparatives en utilisant les éléments donnés.

1. Les immigrés / avoir / (+) problèmes / à trouver du travail / les Américains

_____

2. Ceux qui parlent anglais / réussir / (+) bien / les autres

_____

3. Les Américains / travailler parfois / (–) dur / les nouveaux arrivants

_____

4. Les maisons des immigrés / ne pas être / (=) grand / celles de leurs collègues américains

_____

5. Ils / avoir / (=) ambition / les ouvriers américains

_____

✔ *Vérifiez vos réponses, page 185.*

110   Cahier d'exercices écrits

Nom _____ Date _____

Développement

J Des portraits: commencement. Finissez les phrases de façon logique.

1. La paix est quelque chose que _____.
2. La diplomatie est une carrière qui _____.
3. La guerre est une catastrophe dont _____.
4. Un soldat est un homme avec qui _____.
5. La diplomatie est quelque chose que _____.
6. Une ONG est une organisation pour laquelle _____.
7. Les pays en voie de développement se trouvent dans des régions _____.

K Des portraits: suite. Trouvez quatre **adjectifs,** trois **verbes** et deux **adverbes** que vous associez avec chaque mot ou expression.

1. le monde en paix _____
   _____
   _____

2. la guerre _____
   _____

3. une femme diplomate _____
   _____

4. une femme médecin qui travaille pour Médecins sans frontières _____
   _____

L Des portraits: fin. Maintenant, choisissez un des termes de l'activité **J** et faites-en une description détaillée en un paragraphe de cinq ou six phrases. Essayez d'utiliser les mots de votre liste et au moins une phrase avec une **proposition relative.**

_____
_____
_____
_____
_____
_____
_____
_____

Chapitre 9

Nom _____ Date _____

VI Expressing opinions or reactions

Entraînement

M Réactions. Un pacifiste réagit au discours d'un général. Finissez ses phrases.

1. LE GÉNÉRAL: La guerre est inévitable.

    LE PACIFISTE: Je ne crois pas que _____.

2. LE GÉNÉRAL: Nous avons besoin de jeunes soldats.

    LE PACIFISTE: Il est regrettable que _____.

3. LE GÉNÉRAL: Je connais bien l'ennemi.

    LE PACIFISTE: Il est important de _____.

4. LE GÉNÉRAL: Nous ne perdrons aucune bataille.

    LE PACIFISTE: J'espère que _____.

5. LE GÉNÉRAL: Je veux une victoire rapide.

    LE PACIFISTE: Mais moi, je préfère que la paix _____ (se rétablir) vite.

✔ *Vérifiez vos réponses, page 185.*

Développement

N L'asile politique. D'abord, lisez le passage suivant. Qu'en pensez-vous? Ecrivez cinq phrases pour exprimer votre opinion, en utilisant des expressions variées et des **négations**.

Modèle: **Il est triste qu'il y ait tant de demandeurs d'asile politique.**
Les Chinois n'ont jamais de chance.

«+38%: c'est l'augmentation en 1999, par rapport à l'année précédente, du nombre de demandeurs d'asile politique en France. [...] La tendance à la hausse *(increase)* est la norme en France depuis quelques années, tout comme en Belgique et en Grande-Bretagne. Les Chinois forment le plus fort contingent de demandeurs d'asile; ils justifient leur demande par la politique anti-nataliste de Pékin, la «corruption des dirigeants», l'appartenance à une minorité religieuse ou au militantisme d'opposition. Egalement en hausse, les ressortissants *(nationals)* de plusieurs états africains ainsi que ceux de l'ex-Yougoslavie et des pays issus de l'ex-Union soviétique. Si les demandes sont en hausse, le nombre d'individus reconnus comme réfugiés au titre de la convention de Genève est en baisse *(decrease)*. Les demandeurs qui ont la plus forte chance d'obtenir un titre de réfugié statuaire sont les Rwandais (80%) ou les Tchadiens (74%), alors que moins de 3% des Maliens ou des Chinois, qui forment le gros des troupes de réfugiés politiques, seront reconnus comme tels.»

Source: Adapté du site Internet www.le-petit-bouquet.com, 16 juin 2000.

1. _____
_____

2. _____
_____

3. _____
_____

Nom _____ Date _____

4. _____
_____
_____

5. _____
_____
_____

Ⅷ Narrating

O Un séjour en Belgique. Eva, une jeune étudiante espagnole, raconte son séjour en Belgique. Mettez les verbes entre parenthèses au **présent**.

Je _____ (être) en quatrième année de Beaux-Arts à Bruxelles. Je _____ (travailler) dans une galerie d'art et je _____ (peindre) aussi des portraits de famille pour payer mes études. Puisque je _____ (vouloir) être peintre, je _____ (savoir) que je _____ (devoir) faire des économies. Mes parents me _____ (soutenir) moralement mais ils _____ (avoir) parfois du mal à accepter ma décision de ne pas vivre en Espagne. Mes amis _____ (venir) de partout en Europe, nous _____ (parler) tous français, nous _____ (voyager) ensemble quand nous _____ (avoir) le temps et l'argent. Nous _____ (être) les nouveaux Européens, libres de choisir où nous _____ (vouloir) vivre et travailler.

✔ *Vérifiez vos réponses, page 185.*

P Le bénévole. Voici l'histoire, racontée au présent, d'un jeune Canadien. Mettez-la au passé. Ecrivez seulement les verbes. (Attention: les verbes du passage qui sont au **passé composé** doivent être mis au **plus-que-parfait**.)

En avril dernier, lorsqu'il arrive dans les Balkans, le docteur Jonathan Brock, âgé de 33 ans,

_____

est théoriquement interne *(resident)* en médecine familiale dans un hôpital de Vancouver.

_____

Mais de fait, l'expérience qu'il a accumulée en six ans de service bénévole pour

_____

Médecins sans frontières Canada fait de lui un vieux routier *(experienced person)*

_____

des services médicaux d'urgence *(emergency)*. Entre 1993 et 1998, c'est-à-dire avant et

_____

après avoir terminé ses études en médecine, Jonathan Brock est présent à l'étranger

_____

comme bénévole lors de cinq crises graves, soit au Mali, en Somalie, au Rwanda,

_____

Chapitre 9   **113**

Nom _____ Date _____

soit en Sierra Leone ou en Afghanistan. Il y fait un travail intense. Au Rwanda,

il aide à établir un hôpital de 200 lits et il prête main-forte *(help)* en chirurgie. Sa

première mission, après avoir obtenu son diplôme, est en Sierra Leone où il

soigne les victimes horriblement mutilées de la guerre civile. A quelques semaines

de la fin de sa période d'internat *(hospital residency)*, il est de nouveau sur le

terrain au camp de Brazde, le plus important de l'ex-République yougoslave de

Macédoine. Leur mission est d'aider les réfugiés Kosovars. A un certain moment,

lui et son équipe doivent fournir des soins médicaux à plus de 30 000 réfugiés

dont l'âge varie beaucoup; on y trouve des nouveau-nés et des personnes de tout

âge, mais le groupe des 10 à 40 ans est le plus important. Récemment, le docteur Brock

déclare que ce travail a été un véritable défi, mais qu'il n'aurait voulu changer de place

avec personne.

Source: Adapté de www.dfait-maeci.gc.ca/canada-magazine.

✓ *Vérifiez vos réponses, page 185.*

Q L'avenir, deux points de vue. D'abord les parents de Frank, un Irlandais de 21 ans, imaginent son avenir. Mettez les verbes entre parenthèses au **futur** ou au **futur antérieur**.

Quand notre fils _____ (terminer) ses études d'ingénieur à Paris, il _____ (revenir) chez nous, ici à Limerick. Il _____ (pouvoir) facilement trouver du travail dans une des nouvelles entreprises européennes. Sa copine française et lui _____ (se marier) et ils _____ (acheter) une petite maison tout près de chez nous. Elle _____ (être) médecin et elle _____ (vouloir) travailler mais ils _____ (avoir) bientôt un enfant. Alors nous, les grands-parents, nous _____ (s'occuper) du petit. Nous _____ (se voir) tous les jours.

Frank a d'autres idées. Mettez les verbes entre parenthèses au **futur** ou au **futur antérieur**.

Nom _____ Date _____

Dès que _____ (obtenir) mon diplôme, je _____ (partir) avec Médecins sans frontières. Quand Estelle, ma copine, _____ (faire) son internat, nous _____ (se retrouver) au Rwanda ou au Népal. Nous y _____ (passer) au moins un an avant de retourner en Europe. Nous _____ (s'établir) dans la banlieue de Marseille où elle _____ (soigner) des femmes et des enfants immigrés et moi, je _____ (chercher) du travail dans une multinationale.

✔ *Vérifiez vos réponses, page 185.*

Développement

R Maintenant, avant, plus tard. Racontez, en quelques phrases, le présent, le passé et l'avenir des personnes suivantes. Utilisez le pronom sujet indiqué.

1. une fille de huit ans dans un camp de réfugiés (je)

   Maintenant, _____
   _____
   _____
   _____.

   Avant, _____
   _____
   _____
   _____.

   Plus tard, _____
   _____
   _____
   _____.

2. un soldat de l'ONU qui est membre des forces de maintien de la paix (il)

   Maintenant, _____
   _____
   _____
   _____.

   Avant, _____
   _____
   _____
   _____.

   Plus tard, _____
   _____
   _____
   _____.

Chapitre 9   **115**

Nom _____ Date _____

3. deux étudiants de droit international (nous)

Maintenant, _____
_____
_____.

Avant, _____
_____
_____.

Plus tard, _____
_____
_____.

Expression

A Une langue universelle. De temps en temps, il y a des mouvements pour créer une langue universelle, par exemple le volapük (langue internationale créée en 1879 par J.M. Schleyer, un curé allemand) ou l'esperanto (langue internationale conventionnelle au vocabulaire simplifié et à la grammaire réduite, créée vers 1887 par le Russe Zamenhof). Qu'en pensez-vous? Quels seraient les avantages et les inconvénients d'une langue universelle? Ecrivez trois paragraphes dans lesquels vous présentez vos idées sur cette question.

> **Grammar:** Present tense; conditional
> **Vocabulary:** Expressing compulsion / obligation
> **Phrases:** Warning / Weighing the evidence

PARAGRAPHE 1: ce qu'on y gagnerait
PARAGRAPHE 2: ce qu'on y perdrait
PARAGRAPHE 3: votre conclusion

B L'utopie—un monde en paix. En quelques paragraphes, décrivez votre vision d'un monde où la paix régnerait. Choisissez deux ou trois aspects à traiter (par exemple, l'éducation, le rôle du gouvernement, les questions sociales, les affaires internationales, l'économie). Faites votre plan avant d'écrire et soutenez vos idées en les illustrant par des exemples précis.

> **Grammar:** Present tense; adverbs of time
> **Vocabulary:** Describing people; expressing opinion or preference
> **Phrases:** Weighing alternatives / Expressing hopes and aspirations

C La solidarité. Nous, les citoyens des pays développés, avons-nous des responsabilités envers les ressortissants des pays en voie de développement? Si oui, pourquoi et lesquelles? Que pouvons-nous faire pour aider le Tiers-Monde? Sinon, pourquoi pas? Aidez-vous du plan suivant pour justifier votre point de vue.

> **Grammar:** Present tense; comparison
> **Vocabulary:** Comparing and distinguishing; linking ideas
> **Phrases:** Weighing the evidence / Making a judgment

1. Responsabilités: oui ou non? Pourquoi?
2. Si oui, que pouvons-nous faire? Que ne devons-nous pas faire? Sinon, comment ces pays se développeront-ils?
3. Conclusion

116 Cahier d'exercices écrits

Les Cajuns

Postlude

http://slv.heinle.com

A Associations. Tout au début de ce cahier (Exercice A, page 1), on vous a demandé les idées que vous associez au mot «français». Maintenant que vous avez fini votre travail avec *Sur le vif*, quelles sont vos associations à ce mot?

B L'Américain(e) à l'étranger. Imaginez la situation suivante. Puisque vous parlez français, la société pour laquelle vous travaillez vous envoie dans un pays francophone (à vous de choisir le pays). Vous y habiterez au moins cinq ans. Quels aspects de la vie de votre pays essayerez-vous de préserver dans votre nouveau pays? Avant d'écrire, prenez des notes, en suivant ce plan:

1. votre situation personnelle: âge, état civil (marié[e] ou célibataire), genre de travail que vous faites, pays où vous travaillez, etc.

2. les habitudes ou traditions qui vous semblent les plus importantes à préserver

3. les efforts que vous allez faire pour vous intégrer dans votre nouveau pays

4. les avantages et les inconvénients de votre situation

Maintenant, en vous basant sur vos notes, écrivez une rédaction de trois ou quatre paragraphes.

Postlude **117**

Cahier de laboratoire

The **Cahier de laboratoire,** used together with the audio CDs, provides practice in pronunciation and listening comprehension. Each chapter opens with a **Phonétique** section that contains basic rules of French pronunciation and examples for you to imitate. This is followed by a **Compréhension** section that contains: (a) a pre-listening exercise to give the context that will help you to use your own prior knowledge while listening and (b) an activity that focuses on understanding the gist of the **Compréhension** text. Finally, there is a **Dictée,** which requires word-for-word reproduction. Chapters 2 and 6 have only one exercise each combining dictation and comprehension in a song. All of the lab exercises provide additional cultural information related to the theme of the corresponding textbook chapter.

Bon travail et amusez-vous bien!

H.J. & C.T.

Les études

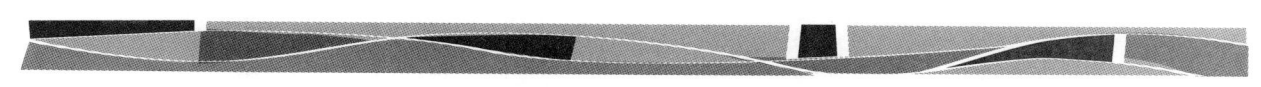

Chapitre 1

Phonétique

TO THE STUDENT: Start the audio segment for Chapter 1 and listen carefully to the explanations and instructions, while following along in the text below. Enunciate clearly when instructed to repeat a word, a group of words, or a sentence.

A. The alphabet   CD1, track 2

Since your very first French class you have known that the French alphabet and the English alphabet have the same letters and the same sequence of letters. The pronunciation of the two alphabets is different, however, and in intermediate French you will be expected to pay attention to those differences as you become increasingly able to speak in longer and more complex sentences.

Exercise A-1

Imitate as closely as possible the pronunciation of each letter as you hear it.

A, B, C, D, E, F, G, H, I, J, K, L, M, N, O, P, Q, R, S, T, U, V, W, X, Y, Z

B. The French *r,* PART 1   CD1, track 3

You may have become fairly comfortable with the pronunciation of the French **r,** but most students in intermediate French need a little more practice before achieving mastery of this sound. The French **r** is sometimes problematic for native speakers of English because correct pronunciation of this sound is controlled by the back of the tongue, whereas in English, it is controlled by the tip of the tongue.

To practice the French **r,** first say *ah,* then push the back of your tongue up toward the top of your throat and try to repeat the sound. You should now be saying *rah.* There may be a slight vibration, but you should avoid making a gargling sound.

Exercise B-1

You will now hear vocabulary words from Chapter 1 that contain the letter **r.**

- Repeat each word after you hear it, being careful to form the sound of the **r** with the back of your tongue, not the tip.
- Listen to the word a second time.

1. l'université
2. le maître
3. les droits d'inscription
4. la rentrée
5. le relevé de notes
6. la rédaction
7. les travaux dirigés
8. l'interrogation
9. s'inscrire
10. suivre
11. rendre
12. réussir

Exercise B-2 CD1, track 4

Next, you will hear five sentences taken from the **Structures** examples in Chapter 1.
- ◆ Circle every **r** that you hear as you listen to each sentence the first time.
- ◆ Repeat each sentence when you hear it a second time.

1. Le professeur explique la grammaire.
2. Nous allons rendre nos devoirs à la fin de l'heure.
3. Ses parents viennent de recevoir son relevé de notes.
4. Cet étudiant se débrouille bien quand il parle français.
5. Ils ne s'intéressent qu'à mes résultats scolaires.
6. Je veux suivre ce cours.
7. Il espère réussir à cet examen.
8. Elle est arrivée en retard à l'examen.
9. Nous espérons nous inscrire sans problèmes.
10. Après avoir fini ses études, elle est retournée chez ses parents.

C. Intonation, PART 1 CD1, track 5

The pattern of rising and falling pitch levels when you speak is called *intonation*. As you know, intonation patterns in French differ from those you use when speaking English.

In a normal declarative sentence in English, some words are pronounced more loudly or with greater emphasis.

> She <u>really</u> likes her <u>French</u> teacher!

In French, every syllable is pronounced with the same degree of emphasis except the last one in the utterance. The pronunciation of this final syllable is slightly drawn out, and the voice falls a little lower.

> Elle aime beaucoup son professeur de français!

Exercise C-1

- ◆ Listen carefully to the intonation pattern of each sentence.
- ◆ Repeat each sentence, imitating the intonation pattern as accurately as possible.

1. La note est bonne.
2. Ce garçon ne travaille pas.
3. Je n'aime pas bachoter.
4. L'interro est facile.
5. Elle fait un stage.

CD1, track 6

In longer sentences in French, words are grouped together into semantic or grammatical units, and the voice rises slightly in the pronunciation of the final word in each group except the last. In the pronunciation of the last word of a sentence, the voice falls slightly.

> Le professeur demande aux étudiants de rendre leurs devoirs.

The number of word groups you will hear in spoken French depends on many factors, including formality of speech, rapidity of speech, and the region of France or the Francophone country the speaker is from.

Exercise C-2

Now you will hear five longer sentences.

- ◆ Repeat each sentence after you hear it, paying close attention to the rising and falling intonation patterns of the various word groups.

1. J'ai reçu une très bonne note à l'interrogation de philosophie.
2. Comme ce nul dort à l'école, il doit bachoter avant le contrôle.
3. Simone préfère les cours magistraux aux travaux dirigés.

Nom _____ Date _____

4. Ma pauvre sœur est malheureuse parce qu'elle a raté son examen de maths.
5. En cours de langue, il faut apprendre par cœur toutes les conjugaisons et beaucoup de mots de vocabulaire.

CD1, track 7

In French, questions that require only a **yes** or **no** answer always end with the voice rising on the final syllable.

Tu fais tes devoirs?

Exercise C-3

◆ Repeat the following questions as you hear them, being careful that your voice rises instead of falls on the final syllable.

1. Aimes-tu la rentrée?
2. Il a fini sa rédaction?
3. C'est un cours magistral?
4. Se débrouille-t-il bien?
5. Avez-vous réussi à l'examen?

D. Final consonants, PART 1   CD1, track 8

In French, final consonants are rarely pronounced unless followed by **-e.** This rule is especially important to keep in mind when reviewing verb endings in the present tense.

-er verbs

-er verbs in the present tense are often referred to as "shoe" verbs because the identical pronunciation of four of the six forms creates a "shoe":

j'étudie
tu étudies
il étudie   ils étudient

Do not forget that the ending **-nt** of the third person plural form is never pronounced.

Exercise D-1

◆ Listen carefully to the pronunciation of each of the following pairs of verb forms.
◆ Repeat each pair after you hear it.

je paie / ils paient
tu t'ennuies / elles s'ennuient
on préfère / ils préfèrent

-ir and *-re* verbs   CD1, track 9

In the present tense conjugation of regular verbs whose infinitives end in **-ir** or **-re,** the consonants at the end of the singular forms are not pronounced.

Exercise D-2

◆ Repeat the following forms.

j'attends
tu attends
il attend
je finis
tu finis
on finit

Chapitre 1 **123**

Nom _____ Date _____

CD1, track 10

However, the consonant that immediately precedes the **-ent** ending of the third-person plural form is always pronounced.

Exercise D-3

◆ Repeat the following forms.

> ils attendent
> elles finissent

Exercise D-4 CD1, track 11

◆ Listen carefully to the pronunciation of each of the following pairs of verb forms.
◆ Repeat each pair after you hear it.

> je réagis / ils réagissent
> tu rends / ils rendent
> elle choisit / elles choisissent

CD1, track 12

The pronunciation of the irregular verbs **partir, sortir, sentir,** and **dormir** in the present tense follows the same rule as for the pronunciation of regular **-ir** verbs. Do not pronounce the consonants at the end of the singular forms. *Do* pronounce the consonant that directly precedes the **-ent** ending of the third-person plural.

Exercise D-5

◆ Listen carefully to the following pronoun / verb groups.
◆ Repeat each group after you hear it.

1. Je pars.
2. On dort.
3. Elles sentent.
4. Tu sors.
5. Ils partent

6. Je ressens.
7. Elle repart.
8. Ils sortent.
9. Elles dorment.

Exercise D-6 CD1, track 13

Now you will hear six sentences that contain vocabulary and verbs from Chapter 1. Each sentence will be read twice.

◆ Listen carefully to the verb of each sentence.
◆ Indicate if this verb is singular or plural by putting a check mark (✓) in the appropriate column.

If the spoken verb can be *either* singular or plural, put a check mark in both columns.

	Singular	Plural
1.	☐	☐
2.	☐	☐
3.	☐	☐
4.	☐	☐
5.	☐	☐
6.	☐	☐

Cahier de laboratoire

Nom _____ Date _____

Compréhension

Etudier aux Etats-Unis

Michel, français, ex-étudiant parisien, nous présente le système éducatif américain. Il est étudiant depuis 2 ans à l'université de Chicago.

A. Avant d'écouter. Répondez aux questions suivantes.

1. Imaginez que vous parlez à un jeune Français qui ne connaît pas le système éducatif aux Etats-Unis. Comment est-ce que vous expliquez *undergraduate studies*?

   _____
   _____

2. Imaginez que ce jeune homme veut comparer des universités et des *colleges* aux Etats-Unis? Quel(s) conseil(s) lui donner?

   _____
   _____

3. Imaginez maintenant que ce Français fait ses études aux Etats-Unis. A votre avis, qu'est-ce qu'il va aimer dans cette expérience?

   _____
   _____

4. Qu'est-ce qu'il ne va pas aimer?

   _____
   _____

CD1, track 14

B. En écoutant. Ecoutez ce que Michel dit du système éducatif aux Etats-Unis, puis répondez aux questions.

1. Quel diplôme, en France, est l'équivalent du diplôme reçu aux Etats-Unis après quatre années d'études? Cochez [✓] la bonne réponse.

   a. _____ le DEUG

   b. _____ la maîtrise

   c. _____ la licence

2. Selon Michel, il y a combien d'excellentes universités aux Etats-Unis? _____

3. Michel parle de six avantages qu'il trouve dans le système éducatif américain. Nommez-en quatre:

   _____
   _____
   _____
   _____

Chapitre 1 **125**

4. Michel parle de deux inconvénients. Lesquels?

Vérifiez vos réponses, page 186.

Dictée

Une tête! CD1, track 15

Jean est le meilleur étudiant de sa classe. Ecoutez ce que son prof de maths dit de lui. Le texte sera lu trois fois. La première fois, écoutez; la deuxième fois, écrivez; la troisième fois, vérifiez ce que vous venez d'écrire.

Vérifiez vos réponses, page 186.

Chapitre 2

Les jeunes

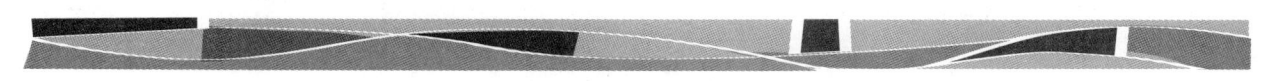

Phonétique

TO THE STUDENT: Start the audio segment for Chapter 2 and listen carefully to the explanations and instructions, while following along in the text below. Enunciate clearly when instructed to repeat a word, a group of words, or a sentence.

A. Final consonants, PART 2 CD1, track 16

In Chapter 1 **Phonétique,** you worked with the pronunciation of final consonants in present tense verb forms. In this chapter, you will work with the pronunciation of final consonants of descriptive adjectives.

As you know, a new ending is added to the masculine form of many descriptive adjectives to create the feminine form. The final letter of this new ending is always **-e,** and the new ending will often change the pronunciation of the adjective.

Exercise A-1

◆ Listen carefully to the difference in pronunciation of the masculine and feminine forms of the following adjectives. Note that some of the adjectives have a more significant spelling change than just an additional **-e** at the end, and that some adjectives that add an **-e** for the feminine do not change pronunciation.
◆ Repeat each pair of adjectives, and then each sentence, after the speaker.

1. français / française
   Michel est français.
   Michèle est française.

2. gros / grosse
   Jean est gros.
   Jeanne est grosse.

3. blond / blonde
   Paul est blond.
   Paulette est blonde.

4. discret / discrète
   Simon est discret.
   Simone est discrète.

5. paresseux / paresseuse
   François est paresseux.
   Françoise est paresseuse.

6. franc / franche
   Stéphane est franc.
   Stéphanie est franche.

7. poli / polie
   Bernard est poli.
   Bernadette est polie.

8. gentil / gentille
   Jacques est gentil.
   Jacqueline est gentille.

9. rouspéteur / rouspéteuse
   Raymond est rouspéteur.
   Raymonde est rouspéteuse.

10. tendu / tendue
    Louis est tendu.
    Louise est tendue.

Nom _____ Date _____

Exercise A-2   CD1, track 17

Now you will hear a series of descriptive adjectives.

◆ Indicate whether the adjective you hear is masculine or feminine by putting a check (✓) in the appropriate column. If the adjective you hear can be both masculine and feminine, put a check in both columns.

	Masculine	Feminine		Masculine	Feminine
1.	☐	☐	7.	☐	☐
2.	☐	☐	8.	☐	☐
3.	☐	☐	9.	☐	☐
4.	☐	☐	10.	☐	☐
5.	☐	☐	11.	☐	☐
6.	☐	☐	12.	☐	☐

B. Nasal vowels, PART 1   CD1, track 18

If a vowel is followed in the same syllable by a single **-m** or **-n**, it is nasalized. This means that to produce this sound, you release air through both your mouth and your nose. To produce non-nasal ("oral") vowels, you release air only through your mouth.

There are three nasal vowel sounds in French, which you hear in the descriptive adjectives **mince, grand,** and **rond.**

Exercise B-1

◆ Listen to the pronunciation of the following adjectives.
◆ Repeat each adjective after you hear it, paying close attention to whether you are releasing air through your mouth only or through both your nose and your mouth to produce the sound.
◆ Indicate whether the adjective has a nasal vowel sound by putting a check (✓) in the appropriate column.

		Nasal	Oral			Nasal	Oral
1.	long	☐	☐	6.	fins	☐	☐
2.	joli	☐	☐	7.	chauve	☐	☐
3.	franc	☐	☐	8.	sale	☐	☐
4.	sage	☐	☐	9.	teint	☐	☐
5.	faible	☐	☐	10.	fort	☐	☐

Exercise B-2   CD1, track 19

Now you will hear six sentences.

◆ Identify the descriptive adjective in the sentence and repeat this adjective.
◆ Compare your word choice with the adjective repeated by the speaker.
◆ Indicate whether there are any nasal vowels in the adjective by putting a check mark (✓) in the appropriate column.
◆ Compare your answer with the one given by the speaker.
◆ Repeat the sentence after the speaker reads it a second time.

Cahier de laboratoire

Nom _____ Date _____

Modèle:

YOU HEAR: Pierre est un homme fort.
YOU SAY: fort
YOU HEAR: fort
YOU MARK: **Nasal** **Oral**
☐ ☑

YOU HEAR: oral
YOU HEAR: Pierre est un homme fort.
YOU REPEAT: Pierre est un homme fort.

	Nasal	**Oral**
1.	☐	☐
2.	☐	☐
3.	☐	☐
4.	☐	☐
5.	☐	☐
6.	☐	☐

CD1, track 20

There are a few descriptive adjectives whose masculine form ends in a nasal vowel sound and whose feminine form ends in an oral vowel sound.

Exercise B-3

◆ Repeat the following pairs of adjectives after the speaker.

masculine adjective	**feminine adjective**
nasal vowel sound	**oral vowel sound**
1. bon	bonne
2. ancien	ancienne
3. féminin	féminine
4. prochain	prochaine
5. brun	brune

C. Intonation, PART 2   CD1, track 21

In Chapter 1 **Phonétique**, you practiced the French intonation patterns for declarative sentences and for questions that require only a yes/no answer. Remember that in a declarative statement, the final syllable has a falling intonation.

C'est un bon étudiant.

Questions that require only a *yes* or *no* answer always end with a rising intonation.

A-t-elle un tatouage?

In **Structures** Chapter 2, you are reviewing the formation of questions that cannot be answered by *yes* or *no*. These types of questions contain:

◆ interrogative adverbs: **combien, comment, où, pourquoi, quand**
◆ interrogative adjectives: a form of **quel**
◆ interrogative pronouns: **qui, qu'est-ce qui, que,** etc.

Chapitre 2   **129**

Nom _____ Date _____

Exercise C-1

◆ Repeat each of the following questions after the speaker, paying close attention to the fact that the intonation <u>does not rise</u> at the end. The intonation pattern in these questions is the same as in declarative sentences.

1. Où a-t-il acheté son pantalon?
2. Pourquoi veux-tu maigrir?
3. Qui a fait ton piercing?
4. Quelle chemise vas-tu mettre?
5. Qu'est-ce que vous faites pour vous détendre?
6. Comment est ce groupe musical?
7. Quand vont-elles faire du lèche-vitrines?
8. Combien de tee-shirts sont sales?
9. Quelles sont tes boucles d'oreilles préférées?
10. Avec quoi est-ce qu'elle se teint les cheveux?

Exercise C-2   CD1, track 22

You will now hear another ten questions.

◆ Indicate whether the intonation on the final syllable rises or falls by putting a check mark (✓) in the appropriate column.

Remember: The intonation will rise at the end if the question can be answered by a simple *yes* or *no*. If the question requires a longer answer, then the intonation will fall.

	Rises	Falls		Rises	Falls
1.	☐	☐	6.	☐	☐
2.	☐	☐	7.	☐	☐
3.	☐	☐	8.	☐	☐
4.	☐	☐	9.	☐	☐
5.	☐	☐	10.	☐	☐

130   Cahier de laboratoire

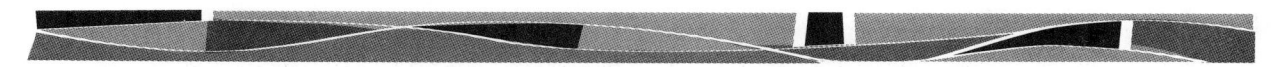

Compréhension / Dictée

Une chanson africaine

A. Avant d'écouter. Quand on dit que quelqu'un est joli ou gentil, qu'est-ce que cela vous suggère? Ecrivez trois mots que vous associez avec ces mots.

joli(e)	gentil(le)
_____	_____
_____	_____
_____	_____

CD1, track 23

B. En écoutant. Ecoutez, autant de fois que vous voulez, cette chanson chantée par Daouda, un chanteur de Côte d'Ivoire.

1. Remplissez les blancs dans le texte de la chanson.

   J'ai des problèmes

   J'aime _____ filles

   Je ne _____ pas laquelle _____

   La _____ est la plus _____

   La _____ est la plus _____

   Entre les deux mon _____ balance

   Ça balance et ça rebalance

   _____ Fanta

   _____ Amina

   Entre les deux _____ j'hésite

   Pourtant il faut que je me _____

   Mais _____ balance

   Ça balance et ça rebalance

   Quand je _____ avec la _____ Fanta

   Moi, je _____ à la _____ Amina

   Quand Amina est _____ de moi

   Mes pensées s'envolent _____ Fanta

   Et _____ balance

   Ça balance et ça rebalance

   _____ j'ai pris ma résolution

   Croyant avoir trouvé la _____

   Mais au moment de me _____

Chapitre 2 **131**

Nom _____ Date _____

   Moi je n'ai pas pu me _____
   Car _____
   Ça balance et ça rebalance
   (bis)
   _____ -moi mes amis
   _____ -moi laquelle _____
   Entre _____ Fanta
   Et _____ Amina
   (bis)

Vérifiez vos réponses, page 186.

2. Avez-vous compris? En vous aidant du contexte, donnez un équivalent anglais des mots suivants:
   a. balance   _____
   b. entre   _____
   c. croyant   _____
   d. bis   _____

3. Votre solution? Donnez votre opinion en remplissant les blancs.

   Moi, je crois que le chanteur devrait choisir _____ parce que _____
   _____
   _____
   _____.

132   Cahier de laboratoire

Chapitre 3

Les immigrés

Phonétique

TO THE STUDENT: Start the audio segment for Chapter 3 and listen carefully to the explanations and instructions, while following along in the text below. Enunciate clearly when instructed to repeat a word, a group of words, or a sentence.

A. Hearing the tenses   CD1, track 24

When listening to French, it is important to be able to identify the tenses of the verbs you hear. This is not always easy when many verb endings sound the same or almost the same. This is why you must listen to the content, and pay attention to the context of the utterance, rather than simply focusing on the sound of the verb to understand what the timeframe is.

For example, the *infinitive* of regular **-er** verbs and of the irregular verb **aller** sounds like the **vous** *form of the present indicative.*

Exercise A-1

◆ Repeat the following verb pairs:

Infinitive	Present indicative, 2nd person plural (*vous*)
1. aller	allez
2. manger	mangez
3. étudier	étudiez
4. parler	parlez
5. arriver	arrivez

CD1, track 25

The *past participle* of certain verbs sounds like both the *infinitive* of the verb and certain forms of the *present indicative.*

Exercise A-2

◆ Repeat each of the following verbs.

Infinitive	Present	*Passé composé*	Pluperfect
1. quitter	quittez	vous avez quitté	vous aviez quitté
2. préférer	préférez	vous avez préféré	vous aviez préféré
3. chercher	cherchez	vous avez cherché	vous aviez cherché
4. marcher	marchez	vous avez marché	vous aviez marché
5. aimer	aimez	vous avez aimé	vous aviez aimé

Nom _____ Date _____

CD1, track 26

In the *imperfect tense*, all of the singular forms and the third person plural form <u>sound</u> like the **vous** *form of the present indicative.*

Exercise A-3

◆ Repeat the following pairs of verbs:

Imperfect	Present indicative
1. pouv**ait**	pouv**ez**
2. av**ait**	av**ez**
3. voul**aient**	voul**ez**
4. connaiss**ais**	connaiss**ez**
5. sort**ait**	sort**ez**
6. sav**ais**	sav**ez**

Exercise A-4   CD1, track 27

You will now hear a series of sentences about the characters in the short story from this chapter *(Printemps)*. For each sentence:

◆ write down each verb you hear;
◆ identify the form (tense or mood) for each verb (*infinitive, present indicative, imperfect,* **passé composé,** *pluperfect*);
◆ check your answers when they are given after each verb is repeated;
◆ repeat each sentence as it is read a second time.

Verbs   **Tense / Mood**

1. _____   _____
   _____   _____
   _____   _____

2. _____   _____
   _____   _____
   _____   _____

3. _____   _____
   _____   _____
   _____   _____

4. _____   _____
   _____   _____
   _____   _____

5. _____   _____
   _____   _____
   _____   _____

6. _____   _____
   _____   _____
   _____   _____

134   Cahier de laboratoire

Nom _____ Date _____

7. _____   _____
   _____   _____
   _____   _____
8. _____   _____
   _____   _____
   _____   _____
   _____   _____
9. _____   _____
   _____   _____
   _____   _____
10. _____   _____

B. Liaison   CD1, track 28

The term **liaison** refers to the linking of the final consonant of one word to the initial vowel of the following word, in spoken French.

In many cases a **liaison** is optional, but certain ones are mandatory.

Exercise B-1

You will now hear some examples of mandatory liaisons.

◆ Repeat all of the examples you hear in French.

Mandatory liaisons occur with the initial vowel in a word that follows:

- the articles **un, des, les,** and the contracted form **aux**

    aux années

    Saba pense **aux** années passées chez les Herschel.

- the masculine singular possessive adjectives **mon, ton,** and **son**

    son enfance

    Son enfance a été très heureuse.

- the plural possessive adjectives **mes, tes, ses, nos, vos,** and **leurs**

    vos idées

    Vos idées sur cette histoire m'intéressent.

- the demonstrative adjective **ces**

    ces allusions

    Ces allusions à la colonisation sont importantes.

- the numbers **deux, trois, six, dix**

    dix ans

    Saba a passé plus de **dix** ans chez les Herschel.

Chapitre 3   **135**

- adjectives that precede nouns

    petit‿appartement

    La mère avait un **petit‿appartement**.
- subject pronouns

    elles‿ont

    Elles‿ont peu d'argent.
- third person singular and plural verbs inverted with subject pronouns

    dit‿elle

    Que **dit‿**elle de sa vie avec sa mère?
- double pronouns

    nous‿en

    L'histoire de Saba? Le professeur **nous‿en** a parlé.
- the verb forms **est, ont, sont, vont,** and **font**

    est‿allée

    La mère **est‿**allée en Europe chercher du travail.
- most monosyllabic adverbs, conjunctions, and prepositions

    chez‿eux

    Quand Saba quitte les Herschel, elle sait qu'elle ne reviendra jamais **chez‿**eux.
- in many fixed expressions, including **comment allez-vous, petit à petit, de plus en plus,** and **de temps en temps**

    de plus‿en plus

    Saba devient **de plus‿en plus** triste chez sa mère.

Exercise B-2   CD1, track 29

Now you will hear five sentences.

◆ Listen carefully for the **liaisons** and link the consonant and vowel together using this symbol: ‿.
◆ Repeat each sentence when you hear it a second time.

1. Les immigrés en France viennent de tous les pays.
2. A ton avis, ces gens sont-ils bien intégrés dans la société française?
3. Souvent, beaucoup d'entre eux vivent ensemble dans un petit appartement.
4. Ces étrangers sont en France pour améliorer la vie de leurs enfants.
5. De temps en temps, ces immigrés rentrent chez eux pendant les vacances.

Compréhension

Un couple mixte

A. Avant d'écouter

1. Trouvez l'adjectif ou le nom qui correspond à chacune des religions suivantes:

   1. l'islam
   2. le catholicisme
   3. le judaïsme
   4. l'église orthodoxe
   5. le protestantisme
   6. le christianisme

   a. catholique
   b. protestant
   c. chrétien
   d. juif
   e. orthodoxe
   f. musulman

2. Quels problèmes se posent pour les enfants d'un mariage mixte (entre personnes de religion et/ou d'origine[s] différente[s])?

CD1, track 30

B. En écoutant. Nadine vous raconte la situation d'une fille avec deux identités. Ecoutez son histoire, qui vous sera lue deux fois, puis faites l'exercice de compréhension. Indiquez si les phrases suivantes sont vraies ou fausses. Ensuite, transformez celles qui sont fausses pour qu'elles soient vraies.

_____ 1. Les parents de Nadine sont musulmans.

_____ 2. Pour les parents de Nadine, croire en Dieu était plus important que les pratiques religieuses.

_____ 3. Nadine n'a pas vécu avec Pierre avant leur mariage parce qu'elle ne voulait pas blesser *(to hurt)* son père.

_____ 4. Les parents de Nadine ne voulaient plus voir leur fille quand ils ont appris qu'elle voulait épouser Pierre.

Vérifiez vos réponses, page 186.

Chapitre 3

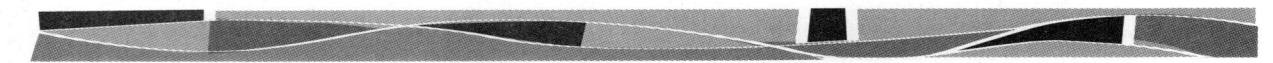

Dictée

Le docteur Kiniffo CD1, track 31

Vous allez entendre une partie de l'histoire d'un médecin d'origine africaine qui est actuellement chirurgien en France. Elle vous sera lue trois fois. La première fois, écoutez. La deuxième fois, écrivez. La troisième fois, vérifiez.

VOCABULAIRE UTILE:

le Bénin *pays d'Afrique*
une bourse *scholarship*
la Bretagne *Brittany (region of France)*
soutenu *supported*

Vérifiez vos réponses, pages 186–187.

Nom _____ Date _____

Chapitre 4

En route!

Phonétique

TO THE STUDENT: Start the audio segment for Chapter 4 and listen carefully to the explanations and instructions, while following along in the text below. Enunciate clearly when instructed to repeat a word, a group of words, or a sentence.

A. *Le groupe rythmique*   CD2, track 2

In Chapter 1 **Phonétique**, you learned about dividing longer sentences in French into semantic or grammatical units. These units of words are called rhythmic groups, or **groupes rythmiques**, because they give spoken French its proper rhythm. Remember that the voice rises slightly in the pronunciation of the final word in each unit except the last, and that the voice falls slightly in the pronunciation of the last word of a sentence.

A key to having good pronunciation in French is knowing how to divide the words of an utterance or a sentence into **groupes rythmiques** when speaking. The number of units in a given utterance in French can vary depending on how fast you are speaking, or how formal or informal you want your speech to be. However, in normal speech a **groupe rythmique** will usually contain between three and eight syllables. Note that syllables in French tend to end on a vowel, whereas in English they tend to end on a consonant.

When speaking French, try to find a rhythm that divides your speech into units ending on a vowel. The final consonant of a word is usually pronounced as the first letter of the first syllable of the word that follows, as in **un éléphant.**

Exercise A-1

Now you will hear five sentences that are taken from the examples in **Structures,** Chapter 4. The slash marks in these sentences show the units, or **groupes rythmiques,** that one would normally hear in standard French pronunciation.

◆ Repeat each sentence after you hear it, paying careful attention to the syllable division, the rhythmic groups, the lengthened final syllable of each group, and the falling intonation on the last syllable of the sentence.

1. Vous avez une voiture. /
2. La patience est très utile / pendant les heures de pointe.
3. J'aime le bus / mais je déteste le métro.
4. Il me faut de l'argent / pour acheter un VTT.
5. On a gardé ma sœur / au poste de police / pendant dix heures.

Exercise A-2   CD2, track 3

Now you will hear another five sentences taken from the examples in **Structures,** Chapter 4.

◆ Listen carefully to the rhythm of the sentence.
◆ Mark the **groupes rythmiques** by inserting a slash mark each time you hear the voice of the speaker rise slightly.
◆ Repeat the sentence when you hear it a second time, imitating as closely as possible the syllable division and rhythm you hear.

Nom _____ Date _____

1. La voiture qu'elle achète est neuve.
2. Les Français font rarement du covoiturage.
3. C'est une voiture d'occasion.
4. La plupart des automobilistes respectent les droits des cyclistes.
5. Elle boit du cognac.

B. Nasal vowels, PART 2   CD2, track 4

In Chapter 2 **Phonétique,** you learned how to distinguish oral vowels from nasal vowels.

Exercise B-1

Now you will practice pronouncing some of the nasal vowels found in the vocabulary of Chapter 4. Remember that to produce a nasal vowel, you release air through both your nose and your mouth.

◆ Repeat the following words, being careful to imitate as closely as possible the nasal vowel sounds you hear.

1. temps
2. essence
3. dans
4. embouteillage
5. gendarme

EXERCISE B-2   CD2, track 5

Now you will hear five sentences. In each sentence there are words containing the nasal vowel you have just practiced. The locations of these nasal vowel sounds are indicated by an underline. You will see that this sound is found in the grouping of the vowels **a** or **e** and the consonants **m** or **n**.

◆ Repeat each sentence after you hear it.

1. J<u>ean</u> met des g<u>ants</u> av<u>ant</u> de pr<u>en</u>dre le vol<u>ant</u>.
2. Le t<u>emps</u> passe l<u>en</u>tem<u>en</u>t d<u>ans</u> un <u>em</u>bouteillage.
3. Quel accid<u>ent</u>! Il est r<u>en</u>tré d<u>ans</u> une <u>am</u>bul<u>an</u>ce!
4. Le g<u>en</u>darme p<u>en</u>se que François n'est pas innoc<u>en</u>t.
5. Je pr<u>en</u>ds tr<u>en</u>te litres d'ess<u>en</u>ce.

EXERCISE B-3   CD2, track 6

Now you will hear five more sentences.

◆ Listen carefully.
◆ Underline each nasal vowel you hear.
◆ Repeat the sentence after you hear it a second time, being careful to pronounce the nasal vowels correctly.

1. L'agent demande pourquoi elle sent le cognac.
2. Après l'incident avec l'éléphant ma sœur est plus prudente.
3. Pendant ce temps-là, je n'ai pas eu d'accident.
4. Comment vas-tu acheter un antivol sans argent?
5. Il m'emmène en voiture et je paie l'essence.

140   Cahier de laboratoire

Nom _____ Date _____

C. The sound [u]   CD2, track 7

The French vowel sound [u] is written **ou, où,** or **oû.** It is similar in sound to the *o* in the English words *do* and *too*. When you use this vowel sound in spoken French, you must be careful to keep a certain amount of tension in the position of your mouth and tongue. Otherwise, the sound will change as you are producing it, and that will create a diphthong, which does not exist in French.

The sound [u] occurs in all types of words in French, including the object pronouns **nous** and **vous,** which you are studying in Chapter 4.

Exercise C-1

You will now hear the five words below. Each of these words contains the sound [u].

◆ Imitate as closely as possible the pronunciation of each one.

1. route
2. bouchon
3. rouge
4. doubler
5. tout

Exercise C-2   CD2, track 8

Now you will hear four sentences. Each sentence contains the sound [u] at least once, but in some of the sentences this sound occurs several times.

◆ After you hear each sentence, indicate the number of times you hear the sound [u].

Repeat the sentence after you hear it a second time.

	1 time	2 times	3 times	4 times	5 times
1.	☐	☐	☐	☐	☐
2.	☐	☐	☐	☐	☐
3.	☐	☐	☐	☐	☐
4.	☐	☐	☐	☐	☐

Nom _____ Date _____

Compréhension

Cyclistes: Conseils pour votre sécurité

A. Avant d'écouter. Dans une grande ville, quels conseils doit-on donner à un cycliste qui veut éviter les accidents et assurer la sécurité de son vélo? Imaginez cinq conseils, et mettez-les à l'impératif.

1. _____
2. _____
3. _____
4. _____
5. _____

CD2, track 9

B. En écoutant. Le site Internet de la Préfecture de Police de Paris offre des conseils pour la sécurité des cyclistes parisiens. Ecoutez quelques-uns de ces conseils, puis répondez aux questions.

VOCABULAIRE UTILE:
trajet *trip*
muni *equipped with*
avertisseur *bell*
cadre *frame*

1. La Préfecture de Police de Paris constate, sur son site Internet, qu'un cycliste doit respecter les mêmes règles du Code de la route que les conducteurs d'automobiles. Nommez trois règles mentionnées dans ce texte.

    a. _____
    b. _____
    c. _____

2. Il y a deux exceptions qui permettent les vélos sur les trottoirs de Paris. Lesquelles?

    a. _____
    b. _____

3. Quel équipement est obligatoire pour le vélo à Paris? Nommez <u>au moins deux</u> choses mentionnées dans le texte.

    a. _____
    b. _____
    (et aussi: _____
    _____)

142   Cahier de laboratoire

Nom _____ Date _____

4. Quel équipement est recommandé pour la sécurité du cycliste et du vélo? Nommez <u>au moins trois</u> choses mentionnées dans le texte.

   a. _____

   b. _____

   c. _____

   (et aussi: _____

   _____)

5. Comparez vos cinq conseils (**Avant d'écouter**) aux conseils de la Préfecture de Police de Paris. Sont-ils les mêmes? Sinon, expliquez pourquoi vos conseils qui ne sont pas les mêmes vous semblent nécessaires pour la sécurité du cycliste et/ou de son vélo.

_____
_____
_____
_____
_____
_____
_____
_____

Vérifiez vos réponses, page 187.

Dictée

Le jour du permis CD2, track 10

Stéphanie Regard, étudiante de 18 ans, nous raconte le jour où elle a passé son permis de conduire. Vous allez entendre trois fois le passage. La première fois, écoutez; la deuxième fois, écrivez; la troisième fois, vérifiez ce que vous venez d'écrire.

_____
_____
_____
_____
_____
_____
_____
_____

Chapitre 4   **143**

Nom _____ Date _____

_____
_____
_____
_____
_____
_____

Vérifiez vos réponses, page 187.

144 Cahier de laboratoire

Nom _____ Date _____

Chapitre 5

Les voyages

Phonétique

TO THE STUDENT: Start the audio segment for Chapter 5 and listen carefully to the explanations and instructions, while following along in the text below. Enunciate clearly when instructed to repeat a word, a group of words, or a sentence.

A. *L'enchaînement*   CD2, track 11

In Chapter 3 **Phonétique,** you learned about **liaison**—the linking of a final consonant that *is normally not pronounced* with the initial vowel sound of the next word (as in **petit / petit hôtel**).

In spoken French, there are also many words in which the final consonants of the last syllable are *normally pronounced.* For example, you hear the final consonant in the words **bel**, **cet**, and **sac**; and you hear the final consonant in the final syllable of the words **caravane** and **détendre.**

Enchaînement is the technical name for the *linking* in spoken French of a *normally pronounced* consonant in the final syllable of one word with the initial vowel sound of the next word.

Exercise A-1

◆ Repeat the pronunciation of the single word and the groups of words that follow. Be very careful to pronounce the final consonant of the first word in the group as if it is actually the first letter of the first syllable of the word that follows. This will allow you to correctly link the consonant sound with the initial vowel sound of the second word.

1. elle / elle arrive
2. cet / cet aéroport
3. pour / pour un jour
4. entre / entre amis
5. notre / notre adresse
6. quatre / quatre activités
7. un sac / un sac à dos
8. j'arrive / j'arrive en train
9. comme / comme avant
10. le monde / le monde est grand

Chapitre 5   **145**

Nom _____ Date _____

B. *Liaisons interdites*   CD2, track 12

In Chapter 3 **Phonétique,** you practiced making the **liaisons** that are required in correct spoken French. It is also important to know when making **liaison** should *not* be made.

Exercise B-1

You will now practice a few of the more common word combinations in which you should *not* make a **liaison**.

◆ Repeat each example in French as you hear it.

Do not make a liaison between:

- a noun and a verb

    Jean arrive
        x

- a plural noun subject and a verb

    les enfants ont fait
              x

- a pronoun and a verb (except the personal pronouns **il, elle, on, vous, nous, ils, elles**)

    quelqu'un écoute
             x

- a noun and the descriptive adjective that follows

    une maison immense
              x

- an inverted subject pronoun and the vowel that follows

    Partent-ils avec nous?
              x

- an interrogative adverb and the verb

    Quand est-il parti?
         x

    There are two exceptions to this rule: The final **t** of **comment** is pronounced with the vowel **a** that follows in the question **Comment allez-vous?**; and the final **d** is pronounced as a **t** linked with the vowel **e** that follows in the question **Quand est-ce que… ?**

- the conjunction **et** with a vowel that follows

    Michèle et Olivier
            x

- a consonant and an **h aspiré**

    les héros
       x

Exercise B-2   CD2, track 13

Now you will hear ten sentences. In these sentences, the liaisons you should pronounce are indicated by (‿) and those that are not possible in spoken French are indicated by (x).

◆ Repeat each sentence after you hear it.

1. Quand est-elle partie?
        x ‿

2. L'avion est en retard.
          x ‿

3. Chacun est arrivé avant l'heure.
          x ‿

4. Françoise et Alain voyagent en Allemagne.
             ‿ x   ‿

5. Qui sont tes héros?
                x

6. Voyagent-ils ensemble?
              ‿ x

7. Il y a des enfants insupportables dans cette colonie de vacances.
             ‿   x

8. Les garçons aiment faire du ski.
              x

146   Cahier de laboratoire

Nom _____ Date _____

9. Les auberges ont peu de chambres.

10. Je cherche un restaurant ouvert le dimanche soir.

C. The French *r*, PART 2   CD2, track 14

At the beginning of *Sur le vif,* you practiced the correct pronunciation of the French **r** in vocabulary taken from Chapter 1. Now that you are studying the formation of the future and the conditional, it is a good time to review this consonant sound. Remember, correct pronunciation of the French **r** is controlled by the back of the tongue.

Exercise C-1

♦ Imitate as closely as possible the pronunciation of following pairs of verbs, and be especially careful to produce a good French **r**.

Future	**Conditional**
1. partira	partirait
2. amuserons	amuserions
3. voyagerai	voyagerais
4. prendras	prendrais
5. ferez	feriez
6. irons	irions
7. viendront	viendraient
8. mourra	mourrait
9. serai	serais
10. auront	auraient

Exercise C-2   CD2, track 15

Now you will hear ten verbs that are either in the future or the conditional.

♦ Listen very carefully to the pronunciation of each verb.
♦ Indicate how many times you hear the consonant **r** in each verb by checking (✓) the appropriate box. Remember that the consonant **r** can be in the stem of the verb as well as in the ending. Don't worry about counting double consonants (**rr**) separately.
♦ Repeat each verb after you hear it a second time.

	1 time	2 times	3 times
1.	☐	☐	☐
2.	☐	☐	☐
3.	☐	☐	☐
4.	☐	☐	☐
5.	☐	☐	☐
6.	☐	☐	☐
7.	☐	☐	☐
8.	☐	☐	☐
9.	☐	☐	☐
10.	☐	☐	☐

Chapitre 5

Nom _____ Date _____

D. The pronunciation of *e* in the future and the conditional CD2, track 16

The vowel **e** in French has several possible pronunciations when it does not have an accent, depending on its position relative to other vowels and consonants. In the future and the conditional, the vowel / consonant combination **ri** requires the pronunciation of the unaccented **e**.

The unaccented **e** that precedes the conditional verb endings of the 1st and 2nd person plural forms of **-er** verbs is pronounced one way, whereas this same **e** in the future verb endings of those forms is pronounced a different way.

Exercise D-1

◆ Repeat the following pairs of verbs, paying close attention to the different pronunciation of the underlined, unaccented **e** that precedes the verb endings.

Future	**Conditional**
1. voyag<u>e</u>rons	voyag<u>e</u>rions
2. f<u>e</u>rez	f<u>e</u>riez
3. bronz<u>e</u>rons	bronz<u>e</u>rions
4. s<u>e</u>rons	s<u>e</u>rions
5. couch<u>e</u>rez	couch<u>e</u>riez

Exercise D-2 CD2, track 17

Now you will hear five sentences.

◆ Indicate by a check (✓) whether the verb in each sentence is in the future or the conditional.
◆ Repeat each sentence after you hear it a second time.

	Future	Conditional
1.	☐	☐
2.	☐	☐
3.	☐	☐
4.	☐	☐
5.	☐	☐

Cahier de laboratoire

Nom _____ Date _____

Compréhension

Le tour du monde

A. Avant d'écouter. Philippe, coordinateur financement chez Ford, et Violaine, chargée de gestion commerciale, ont fait le tour du monde à VTT. Leur voyage a commencé le 4 septembre 2002 en France et s'est terminé fin août 2003 en Equateur.

Avant d'écouter le récit de leur séjour en Tunisie, répondez aux questions suivantes.

1. Où se trouve la Tunisie? _____

2. Si on est en France, quels moyens de transport pourrait-on utiliser pour aller en Tunisie? _____

3. Selon vous, quel temps fait-il en Tunisie en septembre? _____

4. Si le vent est «contraire» pour un cycliste, cela veut dire qu'il vient d'en face ou de derrière? _____

CD2, track 18

B. En écoutant. Ecoutez ce que Philippe raconte de leur séjour en Tunisie, puis répondez aux questions.

1. le voyage:

    Combien de temps faut-il pour aller de Nice à Tunis? _____

2. la cuisine:

    a. Parmi les plats suivants, lequel n'est pas mentionné: couscous, tajine, cassoulet ou salade méchouia? _____

    (*Voir la note après la dictée pour une description de ces plats.)

    b. Comment Philippe trouve-t-il la cuisine tunisienne? _____

3. leur itinéraire:

    a. Ils roulent d'abord le long de _____.

    b. _____ est le désert qui couvre un tiers de la Tunisie.

4. le temps pendant leur séjour en Tunisie: _____

5. les distances:

    a. Font-il beaucoup ou peu de kilomètres par jour? _____

    b. Qu'est-ce qui détermine combien de kilomètres ils font chaque jour? _____

Vérifiez vos réponses, page 187.

Chapitre 5 **149**

Nom _____ Date _____

Dictée

Les préparatifs au départ CD2, track 19

Nathalie passera ses vacances d'hiver en Guadeloupe, aux Antilles, mais avant de partir, elle laisse un message sur le répondeur de Christophe, son voisin. La première fois, écoutez; la deuxième fois, écrivez; la troisième fois, vérifiez.

VOCABULAIRE UTILE:
une noix de coco *coconut*
ciao *au revoir*

Vérifiez vos réponses, page 187.

***Les plats:**

couscous: des graines de semoule, servies avec de la viande, des légumes et des sauces piquantes
tajine: ragoût de mouton ou de poulet, d'origine nord-africaine
cassoulet: ragoût du sud-ouest de la France, fait de filets d'oie, de canard, de porc ou de mouton avec des haricots blancs
salade méchouia: salade de tomates, poivrons, piments, servie avec du thon

Nom _____ Date _____

Chapitre 6

Ciné et télé

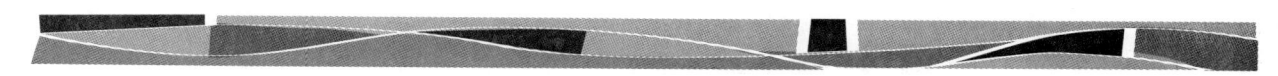

Phonétique

TO THE STUDENT: Start the audio segment for Chapter 6 and listen carefully to the explanations and instructions, while following along in the text below. Enunciate clearly when instructed to repeat a word, a group of words, or a sentence.

A. Syllables in French   CD2, track 20

As you learned in Chapter 4 **Phonétique,** syllables in French tend to end on a vowel sound. Sometimes syllables end on a consonant sound, however, especially if the consonant is **r.** One of the major keys to good pronunciation in French is to be able to group the syllables of the words you use the same way a native speaker of the language would.

Exercise A-1

Practice dividing syllables in French by imitating as closely as possible the pronunciation of each of the following words. The correct syllables are shown in brackets.

Repeat each word after you hear it.

1. cinéma [ci né ma]
2. télévision [té lé vi sion]
3. vedette [ve dette]
4. interpréter [in ter pré ter]
5. programmation [pro gra mma tion]

Exercise A-2   CD2, track 21

Now you will hear ten additional words or groups of words from the vocabulary of Chapter 6.

- Listen carefully to the word or groups of words.
- Indicate the number of syllables you hear in each word by checking (✓) the appropriate box.
- Compare your answer to the one you hear.
- Repeat the word after you hear it a second time.

	1 syllable	2 syllables	3 syllables	4 syllables	5 syllables
1.	☐	☐	☐	☐	☐
2.	☐	☐	☐	☐	☐
3.	☐	☐	☐	☐	☐
4.	☐	☐	☐	☐	☐
5.	☐	☐	☐	☐	☐

Nom _____ Date _____

6.	☐	☐	☐	☐	☐
7.	☐	☐	☐	☐	☐
8.	☐	☐	☐	☐	☐
9.	☐	☐	☐	☐	☐
10.	☐	☐	☐	☐	☐

B. The vowel *e*, PART 2   CD2, track 22

In Chapter 5 **Phonétique,** you were introduced to various pronunciations of the unaccented vowel **e** in the conditional mood of regular **-er** verbs, as well as in conditional forms of certain irregular verbs.

In **Structures** of this chapter, you are reviewing verb stem spelling changes in verbs like **préférer, projeter,** and **appeler,** so it is a good time to review the various pronunciations of the vowel **e** in French.

In order to correctly pronounce these stem change verbs, you will need to be able to identify and produce three different sounds of the vowel **e:**

◆ [ə]   the unaccented ("mute") **e:** You hear this *vowel sound* in the words **je** and **ne.**
◆ [ɛ]   the "open" **e:** You hear this *vowel sound* in the words **bel** and **jette.**
◆ [e]   the "closed" **e:** You hear this *vowel sound* in the words **café** and **chez.**

Exercise B-1

Practice pronouncing the "mute" **e** by repeating the following ten words as you hear them. Because some of the words contain more than one kind of vowel sound for the letter **e**, the "mute" **e** sounds are underlined.

1. m<u>e</u>
2. merc<u>re</u>di
3. j<u>e</u>ter
4. n<u>e</u>
5. r<u>e</u>garder
6. c<u>e</u>
7. j<u>e</u>
8. appart<u>e</u>ment
9. d<u>e</u>
10. d<u>e</u>main

Exercise B-2   CD2, track 23

Practice pronouncing the "open" **e** sound by repeating the following ten words as you hear them. The letters that contain the "open" **e** sound are underlined.

1. préf<u>è</u>re
2. proj<u>e</u>tterai
3. hi<u>er</u>
4. av<u>e</u>c
5. rép<u>è</u>te
6. premi<u>è</u>re
7. s<u>e</u>c
8. gu<u>e</u>rre
9. ant<u>e</u>nne
10. cass<u>e</u>tte

Exercise B-3   CD2, track 24

The "open" **e** vowel sound also occurs in the vowel combination **ai.** Continue practicing the "open" **e** vowel sound by repeating each of the following words as you hear them. The letter combinations that are pronounced as an "open" **e** vowel sound are underlined.

1. f<u>ai</u>tes
2. <u>ai</u>me
3. jam<u>ai</u>s
4. ch<u>aî</u>ne
5. h<u>ai</u>ne
6. m<u>ai</u>gre
7. l<u>ai</u>de
8. pl<u>ai</u>re

152   Cahier de laboratoire

Nom _____ Date _____

Exercise B-4   CD2, track 25

The "closed" vowel e sound is the sound you will hear in the underlined letter e of the following words. This is always the correct pronunciation of the letter e that has an accute accent, but it is also the correct pronunciation for the infinitive ending of -er verbs, as well as many one syllable words whose final consonant is not pronounced at all. This vowel sound is called "closed" because to produce it correctly the jaws must be closer together (or more "closed") than they are for the production of the "open" e sound that you have just practiced.

◆ Repeat each word after you hear it, being careful to imitate as closely as possible the underlined sound of the "closed" e.

1. café
2. les
3. chez
4. des
5. thé
6. nez
7. regarder
8. regardé
9. préféré
10. premier

Exercise B-5   CD2, track 26

Here are some helpful hints for the correct pronunciation of the vowel e in verb stems and endings.

◆ Repeat each example that you hear in French.

1. Pronounce as a "mute" e if it is the last *pronounced* letter of any syllable except the last one of the word, and it also has no accent.

    jeter   (je / ter)
    préférera (pré / fé / re / ra)

2. Pronounce as an "open" e if it it has a *grave accent* or is followed by a double consonant in the same syllable:

    lève
    préfère
    jette
    appelle

3. Pronounce as a "closed" e if it has an *acute accent,* or is part of the -er ending of the infinitive:

    acheté
    acheter

Exercise B-6   CD2, track 27

Now you will hear ten sentences. Each of these sentences contains a stem-change verb such as the ones you have been studying in **Structures** of this chapter. In each of these verbs you will see an **e** that is underlined.

◆ Listen carefully to the sentence.
◆ Indicate whether the underlined e is "mute," "open," or "closed" by checking (✓) the appropriate box to the right.
◆ Compare your answer to the one you hear.
◆ Repeat the sentence when you hear it a second time, being careful to correctly pronounce the underlined e.

	mute	open	closed
1. Quel film préfères-tu?	☐	☐	☐
2. Achetez deux billets, s'il vous plaît.	☐	☐	☐
3. On a projeté ce film la semaine dernière.	☐	☐	☐
4. Comment s'appellent ces deux acteurs?	☐	☐	☐
5. Nous jetterons des fleurs à cette actrice merveilleuse.	☐	☐	☐
6. Quand préférerez-vous aller au cinéma?	☐	☐	☐

Nom _____ Date _____

7. Nous appell<u>e</u>rions cette vedette si nous avions son numéro. ☐ ☐ ☐
8. Pourquoi as-tu j<u>e</u>té la télécommande? ☐ ☐ ☐
9. Ach<u>è</u>terez-vous un nouveau téléviseur? ☐ ☐ ☐
10. On proj<u>e</u>ttera ce film à partir de demain. ☐ ☐ ☐

C. The unaccented vowel *e* in certain words or word groups CD2, track 28

The unaccented vowel **e** is *not pronounced* when it is the final letter of a noun or a verb form.

Exercise C-1

◆ Listen carefully to the pronunciation of the words below selected from the vocabulary lists of Chapters 1–6.
◆ Repeat each word after you hear it. The unaccented vowel **e** that is not pronounced is crossed out.

Chapter 1:
 écol¢
 class¢
 élèv¢
 not¢
 moyenn¢

Chapter 2:
 minc¢
 chauv¢
 tach¢
 costum¢
 casquett¢

Chapter 3:
 stag¢
 bénévol¢
 usin¢
 chômag¢
 grèv¢

Chapter 4:
 march¢
 casqu¢
 point¢
 pann¢
 amend¢

Chapter 5:
 auberg¢
 plag¢
 planch¢
 chass¢
 neig¢

Chapter 6:
 dram¢
 annonc¢
 chaîn¢
 sall¢
 télécommand¢

CD2, track 29

The unaccented **e** is also *not always pronounced* in certain word combinations.

You will now hear eight sentences that contain words or groups of words with this *unpronounced,* unaccented vowel **e**. This manner of speaking is often referred to as "standard French pronunciation." However, native French speakers from certain regions of France and from other Francophone countries in the world often pronounce this unaccented **e** that remains silent in "standard French." At this point in your study of French, it is important for you to *recognize* the words and expressions you hear, even if you do not hear all of the letters that make up the spelling of the words.

Exercise C-2

◆ Repeat each sentence after you hear it, being careful not to emphasize the vowel **e** that is crossed out.

1. Je lui dis d¢ ne pas y aller.
2. Je dis c¢ que je pense.
3. Je n¢ sors pas parc¢ que je suis fatigué.
4. Qu'est-c¢ qu'il dit?
5. Il y a trop d¢ monde.
6. Je n¢ sais pas c¢ qui se passe.
7. Je te promets que c¢ documentaire est bon.
8. Il nous conseille de n¢ pas voir le film.

154 Cahier de laboratoire

Nom _____ Date _____

Compréhension / Dictée

La télévision

A. Avant d'écouter. Avant l'invention de la télévision, que faisait-on le soir pour s'amuser? (Mentionnez au moins trois choses.)

_____

_____

_____

_____

CD2, track 30

B. En écoutant. Ecoutez, autant de fois que vous voulez, la chanson «L'intruse» du chanteur français, Pierre Lachat.

VOCABULAIRE UTILE:

les tueries *slaughters, massacres*
dénoncer *to denounce*

1. Remplissez les blancs dans le texte de la chanson.

   Un jour elle _____ Madame

   _____ elle _____ Madame

   Elle n'm'a pas demandé mon avis

   Mais d'un ton sans réplique, _____ :

   _____

   _____

   Depuis elle est la reine Madame

   L'unique souveraine Madame

   D'ailleurs elle a de _____

   _____ la contrarier

   _____

   _____

   Elle se contredit souvent Madame

   Elle aime beaucoup les tueries

   Elle va _____ faire aimer aussi...

   Je la dénonce comme _____

   _____

Chapitre 6 **155**

Nom _____ Date _____

Souvent on l'entend crier Madame

On a _____ chez nous _____

Chez nous _____

Sans quoi je _____ dehors…

Nous serons _____ bientôt mis _____

_____

Vérifiez vos réponses, page 187.

2. **Avez-vous compris?** Répondez aux questions.

   a. Trouvez quatre mots que le chanteur utilise pour suggérer le pouvoir de la télévision.

   1. _____
   2. _____
   3. _____
   4. _____

   b. Selon le chanteur, qu'est-ce qui change à la maison quand la télévision arrive?

   _____
   _____

   c. Pourquoi le chanteur compare-t-il la télévision à un poison?

   _____
   _____

   d. Dans quel sens la télévision est-elle une «intruse»?

   _____
   _____

3. **Votre opinion.** Etes-vous d'accord avec le chanteur? Expliquez.

   _____
   _____
   _____
   _____
   _____
   _____
   _____
   _____
   _____

156 Cahier de laboratoire

Chapitre 7

Traditions

Phonétique

TO THE STUDENT: Start the audio segment for Chapter 7 and listen carefully to the explanations and instructions, while following along in the text below. Enunciate clearly when instructed to repeat a word, a group of words, or a sentence.

A. The semi-vowel sounds in French   CD3, track 2

A semi-vowel occurs in speech when one vowel forms a single syllable with the vowel next to it.

The first semi-vowel sound you will practice is [ɥ], represented by this symbol in the International Phonetic Alphabet. English has no sound comparable to this one.

In French, this sound is found in words in which:

- the vowel **u** is followed in the same syllable by **i**, as in the word *nuit*
- the vowel **u** is followed in the same syllable by **y**, as in the word *ennuyer*
- the vowel **u** is followed in the same syllable by **e**, as in the word *tuer*.

Exercise A-1

- Listen carefully to the pronunciation of each of the following words.
- Repeat each word as you hear it, imitating as closely as possible the sound of the semi-vowel [ɥ]. This is the correct pronunciation of the underlined pairs of vowels.

1. l<u>ui</u>
2. p<u>ui</u>s
3. s<u>ui</u>s
4. h<u>ui</u>t
5. pl<u>ui</u>e
6. fr<u>ui</u>t
7. enn<u>uy</u>er
8. t<u>ue</u>r
9. dep<u>ui</u>s
10. br<u>ui</u>t

Exercise A-2   CD3, track 3

Now you will hear three sentences.

- Listen carefully to each sentence.
- After you hear each sentence, indicate how many times the semi-vowel [ɥ] occurs.
- Repeat the sentence when you hear it a second time.

Number of times you hear [ɥ]

1. _____   2. _____   3. _____

Chapitre 7   **157**

Nom _____ Date _____

CD3, track 4

The second semi-vowel sound you will practice is [w], represented by this symbol in the International Phonetic Alphabet. This same sound exists in English in words like *wow* and *wool*.

In French, this sound is most often found in words in which:

- the vowel combination **ou** is followed by another vowel, as in the name **Louis**;
- the vowel combination **oi** or **oy** occurs, as in *oiseau* and *voyage*.

Exercise A-3

- Listen carefully to the pronunciation of the following words.
- Repeat each word after you hear it, imitating as closely as possible the sound of the semi-vowel [w]. This is the correct pronunciation of the underlined pairs of vowels.

1. froid
2. boive
3. droit
4. moyen
5. ouest
6. douane
7. avouer
8. trois
9. roi
10. loin

Exercise A-4   CD3, track 5

Now you will hear three sentences.

- Indicate how many times the semi-vowel [w] occurs in each sentence as it is read.
- Repeat the sentence when you hear it a second time.

Number of times you hear [w]

1. _____   2. _____   3. _____

CD3, track 6

The third semi-vowel sound you will practice is [j], represented by this symbol in the International Phonetic Alphabet. This sound is often referred to as the **yod**, and it also exists in English, as in the word *year*. The French **yod** occurs in many different vowel / consonant combinations.

Exercise A-5

- Repeat each of the following examples in French as you hear them.

i + vowel	vowel + **y**	vowel + **ill**
hier	essayer	maillot
rions	essuyer	merveilleux

y + vowel	vowel + **il**	consonant + **ill**
yoga	travail	fille
Lyon	œil	famille

Exercise A-6   CD3, track 7

- Listen carefully to the pronunciation of the following words.
- Repeat each word as you hear it, imitating as closely as possible the sound of the semi-vowel [j] in each. This is the correct pronunciation of the underlined pairs of vowels.

1. taille
2. pareil
3. feuille
4. payer
5. billet
6. soleil
7. aille
8. sommeil
9. fauteuil
10. crions

158   Cahier de laboratoire

Nom _____ Date _____

Exercise A-7 CD3, track 8

Now you will hear three sentences.

- Listen carefully to the sentence as it is read.
- Indicate how many times the semi-vowel [j] occurs.
- Repeat the sentence when you hear it a second time.

**Number of times
you hear [j]**

1. _____   2. _____   3. _____

Exercise A-8 CD3, track 9

You will now hear the following eight sentences, which are based on the vocabulary of Chapter 7.

- Listen carefully to the pronunciation of each sentence.
- Circle all the semi-vowels you hear.
- Compare the words in which you have circled semi-vowel sounds with the words you hear.
- Repeat each sentence as it is read a second time.

1. Toute la famille du roi est royale.
2. Je doute qu'on puisse tuer l'ogre.
3. Il était une fois une sorcière gentille.
4. Louis croit à la magie noire.
5. Hier, les trois chevaliers sont partis en voyage.
6. Sous la pluie, il fait froid et les feuilles tombent.
7. Au pays des merveilles, le soleil brille et on ne s'ennuie pas!
8. Un fruit empoisonné l'a fait s'évanouir.

B. The semi-vowels and the subjunctive CD3, track 10

The semi-vowel sounds are found in the pronunciation of many forms of the subjunctive in French. When you learn to recognize the letter combinations in written French that create semi-vowel sounds, you will be able to pronounce the verb forms accurately and to identify the use of the subjunctive in speech.

Exercise B-1

Here is a list of ten verbs in the subjunctive.

- Identify the semi-vowel(s) that each verb contains by checking (✓) the appropriate box(es). Note that some verb forms may contain more than one semi-vowel sound.
- Pronounce the verb form, along with the conjunction **que** and the subject pronoun.
- Listen carefully as the clause is read for you.
- Repeat the clause.

	[ɥ]	[w]	[j]			[ɥ]	[w]	[j]
1. que j'aille	☐	☐	☐	6. qu'il veuille	☐	☐	☐
2. que nous croyions	☐	☐	☐	7. que tu puisses	☐	☐	☐
3. que vous ayez	☐	☐	☐	8. qu'ils boivent	☐	☐	☐
4. que tu suives	☐	☐	☐	9. qu'elle reçoive	☐	☐	☐
5. que vous finissiez	☐	☐	☐	10. que je conduise	☐	☐	☐

Chapitre 7

Compréhension

Un conte de Madagascar

A. Avant d'écouter. D'après vous, qui a plus d'autorité dans une famille, la mère ou le père? Expliquez votre réponse.

_____
_____
_____
_____
_____
_____
_____
_____
_____

CD3, track 11

B. En écoutant. Le récit que vous allez entendre deux fois est un conte de Madagascar qui explique l'origine de l'autorité paternelle sur les enfants.

VOCABULAIRE UTILE:
sang *blood*
santé *health*

1. Quel est le problème au début du conte? _____
_____

2. Qu'est-ce que les parents doivent faire? _____
_____

3. Comment la mère réagit-elle et pourquoi? _____
_____

4. Et le père? Que veut-il en échange? _____
_____

5. Et votre opinion? Finissez les phrases.

   a. Je suis étonné(e) que _____.

   b. J'aimerais mieux que _____.

Vérifiez vos réponses, page 188.

160 Cahier de laboratoire

Dictée

Aladin   CD3, track 12

Les contes qui viennent de l'Orient (*Les mille et une nuits*, par exemple) sont bien connus en Europe et en Amérique. Voici le début de l'histoire d'Aladin. La première fois, écoutez; la deuxième fois, écrivez; la troisième fois, vérifiez. (Attention: Le conte est raconté à l'**imparfait** et au **passé composé**.)

VOCABULAIRE UTILE:
veuve *widow*
lointain *far away*
vagabonder *to wander about,to roam*
alors que *while*

_____
_____
_____
_____
_____
_____
_____
_____
_____
_____
_____
_____
_____
_____
_____
_____
_____

L'homme était richement vêtu et portait un turban orné d'émeraudes et de saphirs. Sa petite barbe noire faisait ressortir l'étrange éclat de ses yeux qui étaient plus sombres que le charbon *(coal)*.

Vérifiez vos réponses, page 188.

Chapitre 7   **161**

En famille

Phonétique

TO THE STUDENT: Start the audio segment for Chapter 8 and listen carefully to the explanations and instructions, while following along in the text below. Enunciate clearly when instructed to repeat a word, a group of words, or a sentence.

A. Nasal vowels, PART 3   CD3, track 13

In Chapter 2 **Phonétique,** you reviewed the nasal vowel sounds heard in the descriptive adjectives **mince, grand,** and **rond,** and in Chapter 4 **Phonétique,** you practiced nasal vowel sounds found in certain vocabulary words of that chapter.

Remember that if a vowel is followed in the same syllable by a single **m** or **n,** it is nasalized. To nasalize a vowel, you pronounce it by releasing air through both your mouth and your nose.

In **Structures** of this chapter, you are studying some irregular verbs and adverb forms that contain nasal vowel sounds, so now is a good time for additional practice of the nasal vowels in French.

The first nasal vowel sound you will practice is [ɛ̃], represented by this symbol in the International Phonetic Alphabet.

This nasal vowel sound is the correct pronunciation of the following vowel and consonant combinations:

-in	-ain
-yn	-aim
-im	-oin
-ym	-ein
-ien	-eim
-yen	-éen

Exercise A-1

[ɛ̃] is the nasal sound you hear in the following words from this chapter vocabulary and **Structures.** The vowel and consonant combinations that produce this nasal sound are underlined.

◆ Repeat each word after you hear it.

1. v<u>ien</u>t
2. b<u>ien</u>
3. cop<u>ain</u>
4. m<u>oin</u>s
5. sout<u>ien</u>s

Chapitre 8   **163**

Nom _____ Date _____

Exercise A-2 CD3, track 14

This is the same nasal vowel sound found in the following proper names.

◆ Repeat each name after you hear it.

1. Mart<u>in</u>
2. Al<u>ain</u>
3. Luc<u>ien</u>
4. Berl<u>in</u>
5. R<u>eims</u>

Exercise A-3 CD3, track 15

It is also the nasal vowel sound found in the following words that you might use or hear frequently.

◆ Repeat each word after you hear it.

1. r<u>ien</u>
2. comb<u>ien</u>
3. lyc<u>éen</u>
4. v<u>in</u>
5. p<u>ain</u>

CD3, track 16

The second nasal vowel sound you will practice is [ɑ̃], represented by this symbol in the International Phonetic Alphabet. This nasal vowel sound is the correct pronunciation of the following vowel and consonant combinations:

-en   -am
-em   -aen
-an

Exercise A-4

[ɑ̃] is the nasal sound you hear in the following words from this chapter vocabulary and **Structures.** The vowel and consonant combinations that produce this nasal sound are underlined.

◆ Repeat each word after you hear it.

1. polim<u>ent</u>
2. souv<u>ent</u>
3. par<u>ents</u>
4. enf<u>ant</u>
5. constamm<u>ent</u>

Exercise A-5 CD3, track 17

This is the same nasal sound found in the following proper names.

◆ Repeat each name after you hear it.

1. J<u>ean</u>
2. Christ<u>ian</u>
3. Ad<u>am</u>
4. C<u>aen</u>
5. Rol<u>and</u>

164   Cahier de laboratoire

Nom _____ Date _____

EXERCISE A-6 CD3, track 18

It is also the nasal vowel sound found in the following words that you might use or hear frequently.

◆ Repeat each word after you hear it.

1. compr__en__d
2. gr__an__d
3. cont__en__t
4. qu__an__d
5. t__em__ps

CD3, track 19

The third nasal vowel sound you will practice is [ɔ̃], represented by this symbol in the International Phonetic Alphabet. This nasal vowel sound is the correct pronunciation of the following vowel and consonant combinations:

-on
-om

EXERCISE A-7

[ɔ̃], is the nasal sound you hear in the following words from this chapter vocabulary and **Structures.** The vowel and consonant combinations that produce this nasal sound are underlined.

◆ Repeat each word after you hear it.

1. c__on__cubinage
2. gr__on__der
3. c__on__fiance
4. locati__on__
5. gaz__on__

EXERCISE A-8 CD3, track 20

This is the same nasal sound found in the following proper names.

◆ Repeat each name after you hear it.

1. Sim__on__
2. Gast__on__
3. Raym__on__d
4. Ly__on__
5. Chin__on__

EXERCISE A-9 CD3, track 21

It is also the nasal vowel sound found in the following words that you might use or hear frequently.

◆ Repeat each word after you hear it.

1. rais__on__
2. questi__on__
3. n__om__
4. n__on__
5. b__on__

Chapitre 8

Nom _____ Date _____

EXERCISE A-10   CD3, track 22

Now you will hear ten sentences.

- Listen carefully as each sentence is read.
- Circle each nasal vowel you hear.
- Indicate, by putting a number in the appropriate box(es), how many times you hear each of these nasal vowels.
- Compare your answers to the ones you hear.
- Repeat each sentence after you hear it a second time.

		[ɛ̃]	[ã]	[ɔ̃]
1.	Les enfants se disputent violemment avec leurs parents.	☐	☐	☐
2.	De temps en temps Jean devient mécontent.	☐	☐	☐
3.	Alain vient souvent avec son copain Roland.	☐	☐	☐
4.	Martin a raison de poser poliment sa question.	☐	☐	☐
5.	Heureusement on a acheté du pain et du vin.	☐	☐	☐
6.	Lucien va gronder Vincent parce qu'il n'a pas tondu le gazon.	☐	☐	☐
7.	Non, son nom n'est pas Gaston.	☐	☐	☐
8.	La solution est simple: on prend le train.	☐	☐	☐
9.	Allons, rentrons, il fait trop de vent!	☐	☐	☐
10.	Comment vont tes parents? Les miens vont bien.	☐	☐	☐

B. The vowel sounds [ø] and [œ]   CD3, track 23

When the letters **e** and **u** appear together in a French word, English speakers are often not sure how to pronounce this vowel combination. There are actually two possible pronunciations, and neither of them exist in English.

eu in French spelling can be pronounced as:

- the vowel sound in the *adverb* **mieux** which is represented by the symbol [ø] in the International Phonetic Alphabet. The vowel sound in **mieux** is [ø] because **e** and **u** are the last letters pronounced in the word; the final consonant **x** is not pronounced.
- the second vowel sound in the *adjective* **meilleur** which is represented by the symbol [œ] in the International Phonetic Alphabet. The vowel sound in **meilleur** is [œ] because **eu** is followed by a consonant in the same syllable that is pronounced. This pronounced consonant is **r**.

When you pronounce these two words correctly, you will notice that your mouth is open wider for the adjective **meilleur** than for the adverb **mieux.**

Exercise B-1

The vowel sound [ø] in the adverb **mieux** is also found in the following words. The consonants that follow **eu** in the same syllable that are *not* pronounced are crossed out.

- Repeat each word after you hear it.

1. peu
2. bleu
3. vieux
4. cheveux
5. œufs

Nom _____ Date _____

Exercise B-2   CD3, track 24

The vowel sound [œ] in the adjective **meilleur** is also found in the following words. The consonants that follow **eu** in the same syllable that *are* pronounced are underlined.

◆ Repeat each word after you hear it.

1. leu<u>r</u>
2. seu<u>l</u>
3. heu<u>r</u>e
4. peu<u>r</u>
5. œu<u>f</u>

Exercise B-3   CD3, track 25

Now you will hear five sentences that contain words taken from both the vocabulary list and the **Structures** of this chapter.

◆ Listen carefully as each sentence is read.
◆ Circle each **eu** combination you see and hear in each sentence.
◆ Indicate, by putting a number in the appropriate box(es), how many times the sounds [ø] and [œ] occur in each sentence.
◆ Compare your answer to the one you hear.
◆ Repeat each sentence after you hear it a second time.

	[ø]	[œ]
1. Ma sœur m'en veut.	☐	☐
2. Les enfants pleurent quand il pleut.	☐	☐
3. On s'engueule souvent dans cette famille nombreuse.	☐	☐
4. Elle ne passe pas l'aspirateur parce qu'elle est de mauvaise humeur.	☐	☐
5. Les meilleurs parents comprennent le mieux leurs enfants.	☐	☐

C. Additional vowel sounds in French   CD3, track 26

The first vowel sound you will practice in this section is [i], represented by this symbol in the International Phonetic Alphabet. This sound is represented in written French by the letters **i, î,** and **y.** To pronounce [i] accurately, simply open your mouth a tiny bit, shape your lips into a tense smile, and don't change the position of your mouth or tongue while producing the sound.

Exercise C-1

◆ Listen carefully to the pronunciation of the following words.
◆ Repeat each word, imitating as closely as possible the vowel sound [i]. This is the correct pronunciation of the underlined letters.

1. célibataire
2. fils
3. ami
4. équitable
5. sympathique

Chapitre 8   **167**

Nom _____ Date _____

CD3, track 27

The second vowel sound you will practice in this section is [y], represented by this symbol in the International Phonetic Alphabet. This sound is represented in written French as **u, û,** and **eu.**

[y] is sometimes more difficult for English speakers to pronounce correctly because they associate it with the English *u,* heard in the words *university* and *union,* for example.

To practice the correct pronunciation of the vowel sound [y] in French, put your mouth in a tense smile, then round your lips, keeping the tip of the tongue against the lower front teeth. Be careful not to let your tongue fall too low in your mouth, because that will produce the sound [u] (as in **tout**) instead of [y] (as in **tu**). Don't change the position of your mouth or tongue while producing the sound.

Exercise C-2

- Listen carefully to the pronunciation of the following words taken from the vocabulary and **Structures** of this chapter.
- Repeat each word, imitating as closely as possible the vowel sound [y]. This is the correct pronunciation of the underlined letters.

1. pl<u>u</u>s
2. soten<u>u</u>
3. <u>u</u>nique
4. <u>u</u>nion
5. disp<u>u</u>ter

CD3, track 28

The third vowel sound you will practice in this section is [u], represented by this symbol in the International Phonetic Alphabet. You have already worked with the vowel sound [u] in Chapter 4. Remember that this sound is represented in written French as **ou, où,** or **oû.**

Exercise C-3

- Listen carefully to the pronunciation of the following words taken from the vocabulary and **Structures** of this chapter.
- Repeat each word, imitating as closely as possible the vowel sound [u]. This is the correct pronunciation of the underlined letters.

1. s<u>ou</u>tenir
2. s<u>ou</u>vent
3. p<u>ou</u>belles
4. beauc<u>ou</u>p
5. part<u>ou</u>t

Exercise C-4   CD3, track 29

Now you will hear five sentences that contain words taken from both the vocabulary and the **Structures** of this chapter.

- Listen carefully as each sentence is read.
- Circle each syllable you hear that contains the vowel sounds [i], [y], or [u].
- Indicate, by putting a number in the appropriate box(es), how many times each vowel sound occurs.
- Compare your answer to the one you hear.

168 Cahier de laboratoire

Nom _____ Date _____

◆ Repeat each sentence after you hear it a second time.

	[i]	[y]	[u]
1. Son fils est l'enfant unique le plus sympathique que je connaisse.	☐	☐	☐
2. Ce père célibataire est soutenu par tous ses amis.	☐	☐	☐
3. Beaucoup de gens se disputent au sujet de l'union libre.	☐	☐	☐
4. Souvent les hommes doivent s'habituer à s'occuper des enfants.	☐	☐	☐
5. Ils essaient toujours de trouver une solution équitable.	☐	☐	☐

Compréhension

Un père traditionnel?

A. Avant d'écouter. Décrivez comment agissent et réagissent des membres d'une famille dont le père est machiste *(male chauvinist)*.

la mère: _____

les filles: _____

les fils: _____

le père: _____

CD3, track 30

B. En écoutant. Momo, un adolescent d'origine maghrébine, vous décrit sa famille. Ecoutez, puis faites l'activité de compréhension.

VOCABULAIRE UTILE:
passer le balai *to sweep*
gifler *to slap*
faire des bêtises *do something stupid or silly*

1. Résumez, en vos propres mots, ce que vous avez appris sur la famille de Momo.

_____

Chapitre 8 **169**

2. Les rapports dans la famille de Momo lui plaisent-ils? Justifiez votre réponse.

_____
_____
_____

Vérifiez vos réponses, page 188.

Dictée

Une famille recomposée   CD3, track 31

Olivier vit avec son beau-père et ses deux demi-sœurs et voit régulièrement son père. Il apprécie l'accès que cette situation lui donne à deux modes de vie différents. Vous allez entendre le passage trois fois. La première fois, écoutez; la deuxième fois, écrivez; la troisième fois, vérifiez.

VOCABULAIRE UTILE:
univers *universe*

_____
_____
_____
_____
_____
_____
_____
_____
_____
_____

Vérifiez vos réponses, page 188.

Nom _____ Date _____

Chapitre 9

Sans frontières

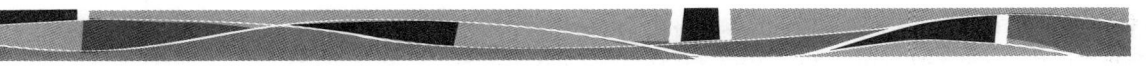

Phonétique

TO THE STUDENT: Start the audio segment for Chapter 9 and listen carefully to the explanations and instructions, while following along in the text below. Enunciate clearly when instructed to repeat a word, a group of words, or a sentence.

A. What's an "s"?   CD3, track 32

As you have no doubt noticed, there are French words in which the consonant **s** is not pronounced as [s]; there are also words in which a combination of a vowel and a consonant is pronounced as if the letter **-s** were part of the spelling when it isn't. How can you tell when to pronounce a letter or a group of letters as an **-s,** and when not to?

Exercise A-1

You will now hear some of the basic rules for the pronunciation of this sound, and some examples for each rule.

◆ Repeat each example in French that you hear.

1. Pronounce as [s]:

   - the letter **-s** that begins a word
     ses
   - the double **-s**
     au**ss**i
   - the letter **-s** that follows a nasal vowel
     ch**ans**on
   - the letter **-s** followed by a consonant that is pronounced
     acou**st**ique
   - the letters **-sc** when followed by **-i** or **-e**
     science   **sc**ène
   - the letter **-c** when followed by **-i** or **-e**
     cinéma   **c**ent
   - the letter **-ç**
     ça   fa**ç**on   re**ç**u
   - the second **-c** in the double consonant **-cc**
     ac**c**ident
   - the letter **-t** followed by **-i** when the French word has an English cognate with the same **-s** sound
     démocra**tie** *(democracy)*
     aristocra**tie** *(aristocracy)*
   - the letter **-t** followed by **ion** in all French words except when the **-t** is preceded by the letter **-s**
     na**tion**
     op**tion**
     but: que**sti**on

Chapitre 9   **171**

Nom _____ Date _____

2. Pronounce as -z the letter -s when it is the single consonant between two vowels.

   civili<u>s</u>ation

3. When -s is the final letter of a word, it is usually not pronounced.

   ami~~s~~
   dan~~s~~
   fille~~s~~

CD3, track 33

However, the final -s *is* pronounced in some words that you might see or hear frequently in French, including proper names and words that come from other languages.

   fil<u>s</u>
   tenni<u>s</u>
   autobu<u>s</u>
   Texa<u>s</u>
   Tuni<u>s</u>

Exercise A-2

The fifteen following words are taken from the vocabulary of this chapter.

- Indicate, by checking the appropriate box (✓), whether the pronunciation of the word contains the sound -s or -z, or whether the consonant -s is silent. Some words may require more than one answer.
- Listen to the word and the answer.
- Compare your answer to the one you hear.
- Repeat each word when you hear it a second time.

		-s	-z	silent
1.	nation	☐	☐	☐
2.	visa	☐	☐	☐
3.	citoyen	☐	☐	☐
4.	ambassade	☐	☐	☐
5.	organisation	☐	☐	☐
6.	asile	☐	☐	☐
7.	pays	☐	☐	☐
8.	négocier	☐	☐	☐
9.	consulat	☐	☐	☐
10.	tiers	☐	☐	☐
11.	démocratie	☐	☐	☐
12.	soldat	☐	☐	☐
13.	civil	☐	☐	☐
14.	Nations Unies	☐	☐	☐
15.	diplomatie	☐	☐	☐

Cahier de laboratoire

Nom _____ Date _____

B. Jouons un peu! CD3, track 34

Do you like playing with words? Are you good at tongue twisters? If you work to master the following tongue twisters in French, you will be well on your way to perfecting your pronunciation of many of the sounds you have practiced in the lab materials for *Sur le vif.*

Exercise B-1

- Repeat each tongue twister after you hear it.
- Check the translation for comprehension.
- Repeat the tongue twister again after you hear it a second time.

1. The semi-vowel [w]

   Il était une fois une marchande de foie qui vendait du foie dans la ville de Foix.

   Once upon a time there was a liver merchant who sold liver in the town of Foix.

2. The sound -s

   Si six scies scient six cyprès, six cents scies scient six cents cyprès.

   If six saws saw six cypress trees, six hundred saws saw six hundred cypress trees.

3. Silent endings

   Les vers verts levèrent le verre vert vers le ver vert.

   The green worms raised the green glass in the direction of the green worm.

4. The vowel sound [y]

   As-tu vu le tutu de tulle de Lili d'Honolulu?

   Have you seen the tulle tutu of Lili from Honolulu?

5. The nasal vowel [ã]

   Dans ta tente ta tante t'attend.

   In your tent your aunt is waiting for you.

6. The nasal vowel [õ]

   Ecartons ton carton car ton carton nous gêne.

   Let's move your box, because your box is bothering us.

7. The sound -r

   Trois gros rats gris dans trois gros trous ronds rongent trois gros croûtons ronds.

   Three big fat rats in three big round holes gnaw three big round croutons.

8. The sound -s, nasal vowels, and silent endings

   Si ces six cent six sangsues sont sur son sein sans sucer son sang, ces six cent six sangsues sont sans succès.

   If these 606 leeches are on his breast without sucking his blood, these 606 leeches are not successful.

Chapitre 9

Compréhension

La Croix-Rouge

A. Avant d'écouter. Que savez-vous de la Croix-Rouge? Que fait-elle dans votre région? Ecrivez deux ou trois phrases.

_____
_____
_____
_____

CD3, track 35

B. En écoutant. Ecoutez ce résumé des origines de la Croix-Rouge, qui vous sera lu deux fois, puis faites l'exercice de compréhension. Indiquez si les phrases suivantes sont vraies ou fausses. Ensuite, transformez celles qui sont fausses pour qu'elles soient vraies.

VOCABULAIRE UTILE:
blessés *wounded*
services de santé *medical corps*
faire face à *to deal with*
secours *aid, assistance*
Genevois habitant de Genève

_____ 1. La Croix-Rouge a ses origines pendant la Première Guerre mondiale.

_____ 2. Son fondateur, Henry Dunant, était un homme d'affaires suisse.

_____ 3. Il trouvait que laisser mourir des soldats ennemis sur le champ de bataille était normal.

_____ 4. Dunant croyait qu'on devait protéger les services de santé des armées.

_____ 5. Ce n'était que très longtemps après la publication de son livre, *Un souvenir de Solferino*, qu'on a fondé la Croix-Rouge.

_____ 6. Le gouvernement suisse a soutenu la fondation de la Croix-Rouge.

Vérifiez vos réponses, page 188.

Dictée

La constitution européenne CD3, track 36

Quelques semaines avant d'annoncer qu'il y aurait un référendum sur la Constitution européenne en France (le 14 juillet 2004), Jacques Chirac, le président de la République française, a défendu cette constitution auprès des Français. Vous allez entendre un extrait de son discours. La première fois, écoutez; la deuxième fois, écrivez; la troisième fois, vérifiez.

VOCABULAIRE UTILE:
efficacement *efficiently*
en commun *in common*

Vérifiez vos réponses, page 188.

Réponses pour les exercices écrits

No answers are provided for the **Développement** and **Expression** sections, **Interlude 1**, **Interlude 2**, and **Postlude** since these call for individualized, creative responses. Check with your instructor.

Prélude

B. Un peu de tout
1. f
2. e
3. a
4. i
5. h
6. j
7. k
8. g
9. b
10. c
11. d

D. Pourquoi?
à cause du / parce qu' / à cause de / parce que / à cause de / parce qu'

Chapitre 1

VOCABULAIRE

Entraînement

A. Les lieux
1. l, u
2. é
3. u
4. l
5. l
6. u
7. é / l
8. é / l / u

B. Définitions
1. la rentrée
2. la note (la moyenne)
3. le cours magistral
4. les droits d'inscription
5. l'interrogation (l'interro, le contrôle)
6. les matières obligatoires
7. le partiel
8. le dossier

C. Les activités de quelques étudiants
1. se spécialiser
2. sécher
3. ont réussi
4. a bachoté (a bossé)
5. triche, échouer
6. obtenir son diplôme

D. Les adjectifs, les noms et les verbes
1. bosser
2. s'inscrire
3. réussir
4. tricher
5. se spécialiser
6. se débrouiller
7. assister
8. échouer

STRUCTURES

I. Verb review

A. Le père n'est pas content
t'ennuies / payons / m'ennuie / paie (paye) / payer / s'ennuie / paie (paye) / t'ennuyer / payer / nous ennuyons

II. Present indicative / III. Infinitives

Entraînement

B. Les rêves d'un nouvel étudiant
vient / commencer / rêve / pouvoir / s'installer / sait / va / réussir / a / faire / veut / obtenir / sortir / faire / étudie / s'ennuie

C. Réussir ou pas?
doit / s'inscrivent / ont / réussissent / obtenir / choisis / suis / écoute / prends / réponds / sèche / m'inquiète

D. L'avis du nul
s'amuse / Etre / sort / boit / rate / avoir réussi / faisons / donne / passer / vous reposer / vous inquiéter

E. Les différences
Loïc: viens / comprendre / est / habitez / partagez / trouvons / peut / connaît / préfère / avoir / prenons / nous parlons

Brandon: as / dis / partageons / choisissons / voulons / vivre / essayons / rendent / rentrons / nous voyons

F. Sans les copines?
nous connaissons / nous voyons / nous téléphonons / faisons / achetons / nous habiller / m'ennuyer / m'entends

G. Après le cours
1. Je viens de faire du jogging.
2. Mes amis viennent de rentrer de la bibliothèque.
3. Mon professeur vient de partir.
4. Mes parents viennent de me téléphoner.
5. Mon ami et moi, nous venons de faire les courses.
6. Tu viens de prendre un café.
7. Vous venez de vous inscrire pour le semestre prochain.

IV. Imperatives

Entraînement

L. Ils partent
1. Choisissez des cours intéressants.
2. Inscrivez-vous immédiatement.

3. Ouvrez un compte en banque.
4. N'oublie pas d'assister aux cours.
5. Amuse-toi de temps en temps.
6. Ne vous inquiétez pas trop.
7. Envoie de l'argent régulièrement
8. Fais des petits gâteaux pour nous.

M. A la fac
1. —Ecrivons nos rédactions!
   —Non, buvons une bière!
2. —Faisons du jogging!
   —Non, mangeons une pizza!
3. —Travaillons!
   —Non, reposons-nous!

V. *Faire* causatif
Entraînement
O. Qui fait travailler?
1. font écrire des rédactions
2. fait faire tous mes devoirs
3. faites bosser la veille d'un examen
4. font ranger la chambre
5. font assister à tous mes cours
6. fais aller chercher tes livres à la bibliothèque
7. me fait réparer son ordinateur

Chapitre 2

VOCABULAIRE
Entraînement
A. Les antonymes
1. teint basané
2. maigre (mince)
3. pâle (blême)
4. cheveux épais
5. éveillé
6. dur
7. désagréable
8. paresseux
9. discret
10. décontracté

B. Définitions
1. chauve
2. malicieux
3. joufflu
4. franc
5. paresseux
6. débrouillard

C. Les verbes et les adjectifs
1. maigre
2. gros
3. débrouillard
4. teint
5. pâle
6. rouspéteur
7. éveillé
8. pincé
9. frisé
10. beau

D. Les vêtements
1. une cravate
2. un costume
3. des chaussures
4. une jupe
5. des bottes
6. un chapeau
7. une robe
8. un tee-shirt
9. un jean (un pantalon)
10. des baskets (des tennis)

E. La tenue qui convient
1. maillot de bain
2. short, tee-shirt
3. imperméable
4. piercings, tatouages
5. boucle d'oreille
6. blouson en cuir

STRUCTURES
I. Verb review
A. Toujours la même chose!
m'assieds / Asseyez-vous / décrivez / décrirez (décrivez) / décrira / s'assiéra / avons décrit / nous sommes assis / décrire / décrivait

II. Descriptive adjectives
Entraînement
B. Nicole et ses copains Thierry et Sylvie
1. meilleure / nouvel / intellectuelles / différents
2. grande / blonde / coiffée / sportive / bavarde / ouverte / chaleureuse / travailleuse / inquiète
3. petit / gros / musicien / décontracté / longs / ondulés / dernière / rasée / favoris / noires / vieille / aimable / paresseux
4. intéressante / intelligente / consciencieuse / gaie / polie / patiente / franche / brune / moyenne
5. loyaux / longues / dur / folles / merveilleuse / bleus / marron / violettes / orange / blanches / banals

C. Nicole chez elle
famille exceptionnelle / petite vieille dame / cheveux blancs / ancienne prof / homme grand et robuste / belle voix forte / médecin brillant / première personne / femme fière / parents pauvres / chers enfants ambitieux / études supérieures / journaliste indépendante / pays étrangers

III. Comparative and superlative of adjectives
Entraînement
F. La France et l'Algérie
1. Les Arabes sont plus chaleureux que les Français.
2. L'école en Algérie est moins difficile que l'école en France.
3. Les Algériennes sont aussi belles que les Françaises.
4. Les jeunes Français sont moins obéissants que les jeunes Algériens.
5. La cuisine en Algérie est meilleure que la cuisine française.
6. La politique en France est moins dangereuse que la politique chez moi.

G. Ils sont extraordinaires
1. Ma grand-mère est la plus gentille grand-mère du monde.
2. J'ai le frère le plus débrouillard.
3. Ma mère fait le meilleur couscous de la famille.
4. Mes cousines sont les filles les plus bavardes du pays.
5. Et moi, je suis le fils le plus intelligent de la famille.

IV. *Tout*

Entraînement

J. Piercings et tatouages

toutes / tout / toute / Tous / toutes / tout / tous / tous / toute / tout

V. Interrogatives

Entraînement

L. La maman embêtante

1. qui
2. Qu'est-ce que
3. Lequel
4. Qu'
5. lesquels (qui)
6. Qu'est-ce qui
7. quoi (qui), qu'est-ce que
8. Auxquels (Lesquels)

M. Quelles questions!

1. Où es-tu?
2. Quel café? (A quel café?) (A quel café es-tu?) (Lequel?) (Où ça?)
3. Avec qui (es-tu)?
4. Qu'est-ce que vous faites? (Que faites-vous?)
5. De quoi parlez-vous? (De quoi est-ce que vous parlez?)
6. Qu'est-ce que vous buvez? (Que buvez-vous?) (Qu'est-ce que vous avez pris?)
7. A quelle heure (Quand) est-ce que tu vas rentrer? (A quelle heure [Quand] vas-tu rentrer?)
8. Pourquoi n'as-tu plus envie de parler? (Pourquoi est-ce que tu n'as plus envie de parler?)
9. Qu'est-ce que tu vas faire ce soir? (Que vas-tu faire ce soir?)

VI. *Il (Elle) est* vs. *c'est*

Entraînement

P. Des contrastes

Elle est / C'est / qu'il est / C'est / C'est / Il est / Il est / Ce n'est pas / il est

Chapitre 3

VOCABULAIRE

Entraînement

A. Présent ou passé?

(There are several possibilities for each of the sentences. Check with your instructor if you are not sure.)

1. Tahar est arrivé du Maroc hier.
2. Maria travaille à Bordeaux actuellement.
3. Le gouvernement encourageait l'immigration à cette époque-là.
4. De nos jours, l'islam est la deuxième religion en France.
5. Il y a plusieurs années, on a changé les lois sur l'immigration.
6. A notre époque, le taux de chômage continue à être trop élevé.

B. Les verbes et les noms

1. l'entretien
2. le préjugé
3. la tolérance
4. le travail / les travaux
5. l'employé / l'employeur / l'emploi
6. la carte de séjour / le séjour
7. l'entreprise

C. Des définitions

1. accueillir
2. le passeport
3. mendier
4. le (la) bourgeois(e)
5. l'ethnie
6. l'immigré(e)
7. les papiers
8. le racisme
9. le sans-abri / le SDF
10. le chômeur / la chômeuse

D. La vie active

gagner leur vie / embaucher / licencie / l'entreprise

E. Qu'est-ce que c'est?

1. font grève
2. une lettre de candidature (lettre de motivation)
3. bénévole
4. chômeur (chômeuse, au chômage)
5. sans-abri (SDF)

STRUCTURES

I. Verb review

A. L'accueil

accueillir / accueillons / accueille / ont accueilli / accueille / accueillez

II. *Passé composé*

Entraînement

B. Un nouveau pays

est venue / a passé / a fait / est rentrée / a travaillé / a connu / se sont mariés / ont dû / se sont installés / suis né / avons vécu / suis allé / j'ai appris / me suis beaucoup intéressé / j'ai commencé / n'y ai presque plus pensé / suis devenu / est mort / a décidé / avons voyagé / ai découvert / m'a plu / suis resté / m'a embauché

C. La fin de la guerre

a obtenu / ont quitté / se sont établis / a aidés / se sont intégrés / sont venus

III. Imperfect

Entraînement

E. De Gaulle et l'Algérie

avait / était / n'aimait / faisait / voulait / s'opposaient

F. La vie de Saba à Nightingale
était / J'étais / c'était / c'était / J'allais / avait / parlait / m'intéressait / j'aimais / c'était

IV. *Passé composé* vs. imperfect
Entraînement
I. Le passé de mes parents
a fini / a repris / travaillait / avait / se sont connus / étaient / se sont mariés / suis née

J. Un ouvrier immigré raconte
J'ai dû / suis arrivé / j'étais / ne pouvais pas / n'avais pas / ne savais pas / faisait / pleuvait / suis tombé / j'ai trouvé / sont venus

V. Pluperfect
Entraînement
M. Une visite
n'était jamais allé / avait acheté / avait étudiée / avait trouvé / s'étaient installés

N. Un nouveau poste
1. avais travaillé
2. n'avaient pas reçu
3. avais fait
4. étais partie, avaient dit
5. avait expliqué, n'avait pas pu

VI. Past infinitives
Entraînement
O. Saba en France
1. Après être arrivée chez sa mère, Saba a appris l'arabe.
2. Après être tombée malade, elle est restée au lit pendant trois semaines.
3. Après avoir aidé sa mère, ses voisins sont partis.
4. Après avoir perdu Saba, les Herschel sont retournés aux Etats-Unis.

Q. La famille de Dalila
venir (être venu) / était (avait été) / a quitté (avait quitté) / avait / travailler / est resté (était resté) / s'occupait (s'est occupé) / sont partis (étaient partis) / écrivait (a écrit, avait écrit) / expliquer / espérait / être arrivée / a dû / apprendre / parler / comprenait / parler / avoir fini / voulait (a voulu) / retourner

Chapitre 4

VOCABULAIRE
Entraînement
A. Définitions
1. l'essence
2. le camion
3. le monospace (le break)
4. le permis de conduire
5. la décapotable
6. le casque
7. le métro
8. le piéton
9. le 4x4
10. les rollers

B. Associations
1. h
2. d
3. f
4. e
5. j
6. i
7. b
8. a
9. g
10. c

C. A vélo
casque / antivol / pistes cyclables (voies cyclables) / amende / freiner (s'arrêter) / piétons / pneu crevé / dépanneuse (assurance automobile) / assurance automobile (essence) / bouchons (embouteillages)

D. Les noms et les verbes
1. remorquer
2. accélérer
3. freiner
4. garer
5. conduire
6. déraper
7. se promener
8. dépanner

STRUCTURES
I. Verb review
A. Combien de voitures?
conduire / conduis / mets / met / conduisais / conduit / conduisent / mettons / avons mis / mettre / ont conduit / mettions

II. Articles
Entraînement
B. Claude cherche une voiture
de / une / les / le / la / une / d' / d' / les / La / les / les / de l' (l') / des / la (une) / une / de / d' / une

C. La veille du départ
de / la / de l' / les / l' / des (les) / une / des / d' / la / de l' / des / du / de / de / les / de / de / des / une / des / un / des / de / les / un / une / des / des (les) / le / des / des

III. Object pronouns, *y, en* / IV. Order of pronouns
Entraînement
F. Correspondances
1. la
2. lui
3. en / une (la)
4. y
5. les
6. en
7. leur
8. y
9. en / trop
10. le

G. De quoi parle-t-il?
1. j'ai deux vélos
2. le premier vélo (mon premier vélo)
3. de mon VTT (de mon vélo)
4. mes vélos
5. les casques / un casque
6. sur les pistes (voies) cyclables
7. de pistes (voies) cyclables

8. aux automobilistes (aux conducteurs) / aux automobilistes (aux conducteurs)
9. d'accident / mon frère
10. le bus (le métro) / le bus (le métro)
11. rouler à vélo (le vélo)

H. La nouvelle voiture
1. Je l'aime bien.
2. Je peux la conduire quand je veux.
3. Mon frère vient de l'avoir.
4. Evidemment, mon père ne les donne jamais à mon frère.
5. Tiens! Je le vois devant la maison.
6. Maman, dis-lui de les laisser sur la table, s'il te plaît!

I. La scène continue
1. Le père de Monique lui explique qu'il a besoin de la voiture.
2. Mais il offre gentiment de leur prêter la voiture plus tard.
3. Demande-leur si elles peuvent revenir ce soir.

J. Le lendemain...
1. n'y sont pas
2. j'y ai cherché les clés
3. faudrait y penser

K. Les clés perdues
1. en as envie
2. j'en avais deux
3. en es rentrée

L. Un accident de la route
1. Vous y êtes allé(e) avec votre chat (avec lui).
2. Vous vouliez l'y amener (l'amener chez le vétérinaire) (l'amener chez lui).
3. Un jeune homme dans une 2 CV ne s'y est pas arrêté.
4. Afin de l'éviter, vous avez freiné, mais c'était trop tard.
5. Alors, vous vous y êtes rentré(e), et maintenant vous ne le trouvez plus.
6. Il y est peut-être.
7. Il les aime bien.
8. Vous en avez aussi un autre.
9. Si vous la leur racontez, ils vont la reprendre.
10. Une petite voix vous dit: «Explique-le-leur!»
11. Mais une autre petite voix vous dit: «Ne le leur explique pas!»
12. Tiens! Voilà vos parents! (Les voilà!) Ils vont la découvrir.
13. Mais quelle bonne surprise! Ils l'ont.

V. Disjunctive pronouns

Entraînement

M. Que dire aux parents?
moi / Moi / toi / Lui / moi / lui
moi / Lui / moi / moi / lui
lui / nous (moi) (toi) / Elle

Développement

N. «En bref»
1. Le samedi 13 juillet, à quinze heures vingt-trois, un chapeau vert et rose appartenant à Mme Claire Frileuse de Toulon a été écrasé par un camion. Selon **elle**, son chapeau était un peu trop grand, et le vent **l'**a emporté dans la rue. Comme un gros camion **y** arrivait à toute vitesse juste à ce moment-là, elle n'a pas pu **le** sauver. Elle regrette beaucoup de **l'**avoir perdu.
2. Gérard Beaumais, du Tholonet, a confirmé, le lundi 20 juillet, sa décision de vendre sa 2 CV. Il vient de découvrir qu'il ne peut plus transporter d'œufs sans **en** casser la moitié. Le dimanche 19 juillet, M. Beaumais a essayé d'apporter ses œufs au marché d'Aix, mais quand il **y** est arrivé, il n'**en** avait presque plus. Il a téléphoné au chef de bureau de notre illustre journal et **lui** a raconté cette triste histoire.
3. Vos poissons rouges ne peuvent pas supporter la chaleur; ne **les** laissez pas sous le siège!
Les gendarmes travaillent pour vous; souriez-**leur** toujours!
Votre chien ne sait pas conduire; expliquez-**lui** le code de la route!
Tôt ou tard, les voitures tombent en panne; laissez-**les** au garage et prenez le train!

Chapitre 5

VOCABULAIRE

Entraînement

A. Les noms et les verbes
1. bronzer
2. se détendre
3. découvrir
4. s'amuser
5. se baigner

B. Les personnes et leurs activités
1. fait du ski
2. fait du surf
3. font de l'alpinisme
4. va à la chasse
5. font de la randonnée

C. Où vont-ils?
1. plage (mer)
2. montagne
3. croisière
4. maison de campagne (chalet)
5. auberges de jeunesse
6. terrain de camping

D. On part en vacances
1. rafting (canoë)
2. à la belle étoile (en plein air)
3. chalet
4. caravanes
5. colonie de vacances (vacances)
6. un coup de soleil
7. station de sports d'hiver
8. fait la grasse matinée
9. de l'équitation (des promenades à cheval)
10. pique-nique

STRUCTURES

I. Verb review

A. A la mer
prenons / mangeais / j'ai souffert / j'ai compris / je n'en mange plus (je n'en ai plus mangé)
nageons / ne plongeons pas / plongeaient / ont découvert / a surpris / ne découvrent rien / avons appris / ont offert

II. Prepositions with geographical names
Entraînement

B. Personne n'est d'accord
en / en / de / à / du / en / à / en / aux / en / au

III. Future tense
Entraînement

D. Je suis content(e)
partirai / ferai / me baignerai / me reposerai / irons / dînerons / nous ennuierons / pleuvra / écrirai / enverrai passerai / descendrai / voyagerai / ferons / rentrerons / serons / boirons / ferai / m'amusera

E. Une vie saine dans l'avenir
travaillera / sera / pourrons / voudrons / irons / prendrons / seront / fumera / feront / mangera / verrons / aurons

III. Conditional forms
Entraînement

H. A ta place
emporterais / devrais / lirais / achèterais / boirais / accompagneraient / choisiraient / laisseraient / donnerait / voudrais

I. Et si nous restions à la maison?
ferions / prendrions / aideraient / pourrait / s'occuperait / nous disputerions / me détendrais / conduirais
passeraient / joueraient / seraient / aurait / gronderions / t'ennuierais / serais

J. Des promesses
1. Papa a promis que nous visiterions Disneyland Paris.
2. Maman a expliqué que la famille mangerait souvent au MacDo.
3. Papa a déclaré qu'il ne se fâcherait jamais.
4. Vous nous avez dit que nous irions à la pêche.
5. Maman a répété que Papa viendrait avec nous à la piscine tous les jours.

IV. Future perfect
Entraînement

M. Avant le voyage
1. Nous aurons vu la Tour Eiffel la nuit et nous aurons marché dans les rues de Paris.
2. J'aurai dîné dans les meilleurs restaurants et j'aurai dépensé beaucoup d'argent.
3. Mes amis auront visité tous les musées à (de) Paris et ils seront entrés dans les églises.
4. Nous aurons pris le TGV et nous serons allés à Montpellier.
5. Et enfin, nous nous serons rendus à Versailles et j'aurai vu le (ce) merveilleux château.

IV. Past conditional
Entraînement

O. Des regrets
ne me serais pas fâchée / aurait pu / ne se serait pas plainte / n'aurait pas attrapé / n'aurait pas pris / aurais été / serions allés (serions allées)

V. If-clauses
Entraînement

Q. C'est quel temps?
1. a
2. b
3. c
4. b (c)
5. a
6. c
7. a

R. Se déplacer
prendra / ferons / réagiriez / dépenserions / protégerait / aurait vendu / se serait habitué / aurait subventionnés

VI. *Passé simple* and *passé antérieur*
Entraînement

U. Trouvez les temps
aperçut / apercevoir / a aperçu
l'amena / amener / l'a amené
montra / montrer / a montré
s'arrêta / s'arrêter / s'est arrêtée
fit / faire / a fait
fut / être / a été
remarqua / remarquer / a remarqué
eut déposé / déposer / avait déposé
s'empressa / s'empresser / s'est empressé

V. Encore des verbes du conte
1. est sorti
2. l'a enlevé
3. a fermé
4. n'a pas vu
5. a attendu

Chapitre 6

VOCABULAIRE
Entraînement

A. Quel genre de film?
1. e
2. g
3. a
4. d
5. f
6. h
7. b
8. c

B. Définitions
1. le documentaire
2. sous-titré(e)
3. l'écran
4. la vedette (la star, le personnage principal)
5. les effets spéciaux
6. le film d'épouvante (d'horreur)
7. le (la) cinéphile
8. le (la) scénariste

C. La télévision
1. rembobiner
2. magnétoscope
3. lecteur DVD
4. série (un dessin animé)
5. caméscope
6. chaînes
7. télécommande
8. télévision câblée, antenne satellite
9. feuilleton (soap-opéra)
10. le journal télévisé (les informations)
11. publicité

STRUCTURES
I. Verb review
A. Les préférences
préfère / préférais / projette / projetait / préfèrent / préférerions / a projeté / préférons

II. Negative expressions
Entraînement
B. Correspondances
1. c
2. d
3. f
4. a
5. e (c, f)
6. b

C. De mauvaise humeur
1. Non, je ne veux rien faire ce soir.
2. Non, je ne sors avec personne.
3. je n'ai plus envie de voir ce film (je n'ai plus envie de le voir)
4. je ne finirai jamais ma dissertation (je ne la finirai jamais)
5. je n'ai pas encore commencé mes recherches (je ne les ai pas encore commencées)

D. On discute avec grand-père
1. Je n'aime pas (du tout) la télévision.
2. Je ne la regarde jamais (le soir après le dîner).
3. Aucun téléfilm n'est intéressant. (Aucun des téléfilms n'est…)
4. Ni les jeux télévisés ni les mélos ne sont amusants. (Rien n'est amusant.)
5. Le magnétoscope et le lecteur DVD n'ont pas encore remplacé le cinéma. (Rien n'a remplacé le cinéma.)
6. Personne ne préfère les films en DVD. (Aucune des personnes que je connais ne préfère les films en DVD.) (Je ne connais personne qui préfère les films en DVD.)
7. Il n'y a jamais rien d'intéressant dans la publicité.
8. Je n'ai plus envie de discuter de ce sujet.

III. Relative pronouns
Entraînement
G. Louis, le cinéphile
1. laquelle
2. que
3. qui
4. ce qui
5. dont
6. que
7. Ce que
8. où

H. Homer et le football
1. Tu regardes tout le temps cette série américaine qui s'appelle *Les Simpson.*
2. Tu passes trop de temps à regarder ce sport, le football, que je trouve ennuyeux à mourir.
3. L'équipe française a eu un match extraordinaire contre l'Italie dont on se souviendra toujours.
4. Les joueurs sont des artistes, ce que tu ne peux pas comprendre.
5. Mais Homer Simpson est un homme drôle dont j'aime beaucoup la conception de la vie.
6. Il passe beaucoup de temps dans son salon où il s'allonge sur le canapé et regarde la télé.
7. Et tu l'admires, ce qui est difficile à croire!
8. J'ai des goûts différents des tiens, ce dont il ne faut pas que tu te moques!

I. Des devoirs intéressants
qui / qu' / qui (laquelle) / qui / ce que / dont / qui / Ce qui / qui / qui / ce que / laquelle

Chapitre 7

VOCABULAIRE
Entraînement
A. Qui est-ce?
1. le prince
2. le géant
3. la licorne
4. le nain (la naine)
5. le dragon
6. le spectre (le fantôme / le revenant)
7. le vampire
8. la fée (la sorcière / la magicienne)
9. la marâtre
10. le héros (l'héroïne)

B. Imaginons les personnages
1. marâtre / nains / prince
2. géant (ogre) / ogres (géants)
3. vampires / loups-garous / spectres (fantômes / revenants)

C. Les contes: définitions
1. le merveilleux
2. le cauchemar
3. le bien
4. le charme (le sortilège)
5. jeter un sort (ensorceler)
6. craindre

STRUCTURES
I. Verb review

A. Voir, c'est croire
croyais / croyait / avons cru / croyons / croiront / crois / Croyez / croient

II. What is the subjunctive? / III. Formation of the subjunctive
Entraînement
B. Une princesse exigeante
ailles / soit / ait / puisses / fasses / aide / dise / nous embrassions / partes

C. Le jeune homme lui répond
aimes / veuille / refuses / soyons / allions / poursuive

D. Et après?
soyez partis / ne nous ait pas dit / ayez décidé / ayez expliqué / ait trouvé

IV. Usage of the subjunctive
Entraînement
G. Qu'est-ce qui suit?
1. infinitif
2. subjonctif
3. indicatif
4. subjonctif
5. infinitif
6. subjonctif
7. subjonctif
8. indicatif
9. subjonctif (ou indicatif)
10. infinitif

H. Enfants et parents
aiment / écouter / aient / se coucher / demandent / lire / veulent / relise / sachent / peut / s'ennuie / répéter / insistent / fasse / préfère / s'endorment / obéit

I. Cendrillon
était / vivait / voulait / fasse
a annoncé / aurait / puisse / choisir / n'était pas / ait invité (invite) / doive / est venue / l'aider / a donné / puisse / était / assister
ont dansé / fallait / parte (soit partie) / soit
ne savait pas / était / ait laissé
a cherché / s'est promis (s'était promis, se promettait) / retrouver / est arrivé / a essayé / allait / se sont mariés / sont allés

Chapitre 8

VOCABULAIRE
Entraînement
A. Qui est-ce?
1. l'enfant unique
2. le beau-père
3. la famille nombreuse
4. l'aîné
5. la mère célibataire
6. la copine
7. la femme au foyer
8. la famille éclatée

B. Des synonymes
1. s'embrasser
2. se fâcher
3. s'habituer
4. divorcer
5. gronder
6. se disputer (s'engueuler)

C. Etre indépendant(e)
1. loyer
2. factures
3. colocataire
4. tâches ménagères
5. faire la lessive
6. tondez, gazon

STRUCTURES
I. Verb review

A. Quels changements!
me souviens / vivions (avons vécu) / soutenaient (m'ont soutenu) / vivre / j'ai obtenu / suis venu / revenir / est devenue / vit / vivrai

II. Adverbs
Entraînement
B. Trouvez l'adverbe
1. récemment
2. bien
3. relativement
4. poliment
5. franchement
6. heureusement
7. premièrement
8. brièvement
9. gentiment
10. lentement

C. Trouvez l'adjectif
1. violent
2. clair
3. malheureux
4. discret
5. moral
6. mauvais
7. typique
8. amical
9. général
10. constant

D. Une journée typique
(Some variation is possible in the placement of certain adverbs. Check with your instructor if you have questions.)
Tout le monde se lève **tôt** chez nous. **D'abord**, on se met à table **ensemble** pour un bon petit déjeuner. **Ensuite**, ma grand-mère range la cuisine, ma mère s'habille **rapidement** pour aller au bureau et mon père reprend **joyeusement** ses exercices de chant. **Souvent**, mon frère offre **gentiment** d'aider ma grand-mère, tandis que moi, je pars **immédiatement** à la fac. Tout le monde travaille **dur** pendant la journée, et mon frère, ma mère et moi, nous rentrons **tard**

le soir pour le dîner. **Heureusement,** ma grand-mère et mon père adorent faire la cuisine; un délicieux dîner nous attend **tous les soirs.**

III. Comparison of adverbs
Entraînement
G. Ils sont comme ça
1. Ma mère danse plus rarement que ma sœur.
2. Mes parents regardent moins souvent la télé que mes frères.
3. Je parle anglais mieux que mon père.
4. Nous nous disputons moins fréquemment maintenant qu'autrefois.
5. Mon père joue de la guitare aussi bien que moi.

H. Ils sont bizarres?
1. Dans ma famille, mon cousin conduit le plus mal.
2. Et ma tante parle le plus fort de nous tous.
3. C'est mon oncle qui tond le gazon le moins souvent.
4. Et mon grand-père s'occupe le mieux de ses petits-enfants.
5. Parmi les jeunes, je me couche le moins tard.

IV. Comparison of nouns
Entraînement
K. C'est vrai?
1. Est-ce que les mères ont plus de patience que les pères?
2. Est-ce que les pères dépensent moins d'argent que leurs enfants?
3. Est-ce que les enfants achètent autant de vêtements que leurs parents?
4. Est-ce que les filles passent plus de temps dans la salle de bains que leurs frères?
5. Est-ce que les femmes au foyer boivent autant de café que les femmes qui travaillent en dehors de la maison?

L. C'est admirable?
1. Ma sœur a le plus d'accidents de voiture.
2. Mon père reçoit le plus d'amendes pour excès de vitesse.
3. Ma mère fait le moins de sport.
4. Mon grand-père fume le plus de cigarettes.
5. Nous lisons le moins de livres.

V. Demonstrative pronouns
Entraînement
N. Le dimanche
celles / celui / celle / celui / ceux / celle

O. La famille recomposée
1. celle
2. ceux
3. celui
4. celles
5. celui

Chapitre 9
VOCABULAIRE
Entraînement
A. De quoi parle-t-on?
1. passeport, visa
2. consulat
3. citoyens
4. l'Union européenne, l'ONU
5. l'aide humanitaire

B. Les verbes et les noms
1. l'armée, l'arme
2. le combat
3. l'accord
4. l'allié
5. la bombe
6. les forces de maintien de la paix
7. le traité
8. la paix

STRUCTURES
I. Verb review
A. *Vaincre* ou *convaincre*?
1. convaincre
2. ont vaincu
3. convaincrons
4. vainque
5. aurait vaincu
6. convainquait
7. a convaincus

III. Requesting information
Entraînement
B. Des Casques bleus
Other questions are possible.
1. Depuis combien de temps êtes-vous sur le terrain? (Depuis combien de temps est-ce que vous êtes sur le terrain?)
2. Qui vous a envoyés ici?
3. D'où viennent vos soldats?
4. Combien de soldats y a-t-il en tout? (Combien de soldats est-ce qu'il y a en tout?)
5. Qu'est-ce qui pose de gros problèmes?
6. Pourquoi ne pouvez-vous pas partir? (Pourquoi est-ce que vous ne pouvez pas partir?)
7. Quelle est la solution?
8. Comment sera cet accord?
9. Qui doit résoudre ces problèmes?

IV. Hypothesizing
Entraînement
D. Des rêves
1. aurions
2. pourrait
3. ne se seraient pas battus
4. signeraient
5. nous serions mis
6. disparaîtraient
7. se serait développé
8. changerais
9. serais

V. Describing
Entraînement
F. Le citoyen du monde
nouveau citoyen / monde actuel / ancien pays / mère russe / père marocain / l'école française / lettres modernes / grande université publique / jeunes étudiants américains / l'expérience intéressante / vraie patrie

G. Les papiers
1. Vous avez besoin d'un visa qui est valable pendant trois ans.
2. Il vous faut aussi une carte de séjour que vous irez chercher à la préfecture.
3. Pour avoir cette carte, vous devez faire la queue, ce qui est embêtant.
4. Avez-vous tous les documents dont vous aurez besoin?
5. Les fonctionnaires à qui vous parlerez ne seront pas toujours très sympathiques.

H. L'asile
(There are several possibilities for placement. Check with your instructor if you have questions.)
Récemment, j'ai quitté mon pays pour demander l'asile en France. **D'abord,** on m'a refusé. **Ensuite,** on m'a accepté mais ça n'a pas été facile. Trouver du travail m'a préoccupé **énormément,** mais **maintenant** j'ai un patron qui a **vite** compris que j'acceptais de travailler **dur. Heureusement** ma famille viendra me rejoindre **bientôt.**

I. La situation des immigrés
1. Les immigrés ont plus de problèmes à trouver du travail que les Américains.
2. Ceux qui parlent anglais réussissent mieux que les autres.
3. Les Américains travaillent parfois moins dur que les nouveaux arrivants.
4. Les maisons des immigrés ne sont pas aussi grandes que celles de leurs collègues américains.
5. Ils ont autant d'ambition que les ouvriers américains.

VI. Expressing opinions or reactions
Entraînement
M. Réactions
1. la guerre soit (est) inévitable
2. vous ayez besoin de jeunes soldats
3. bien connaître l'ennemi
4. vous ne perdrez aucune bataille
5. se rétablisse vite

VIII. Narrating
Entraînement
O. Un séjour en Belgique
suis / travaille / peins / veux / sais / dois / soutiennent / ont / viennent / parlons / voyageons / avons / sommes / voulons

P. Le bénévole
est arrivé / était / avait accumulée / a fait (faisait) / a été (était) / faisait (a fait) / a aidé / a prêté / a été / a soigné / était / était / ont dû / variait / trouvait / était / a déclaré / avait été

Q. L'avenir, deux points de vue
aura terminé (terminera) / reviendra / pourra / se marieront / achèteront / sera / voudra / auront / nous occuperons / nous verrons
j'aurai obtenu (j'obtiendrai) / partirai / aura fait / nous retrouverons / passerons / nous établirons / soignera / chercherai

Scripts: Cahier de laboratoire

Chapitre 1

B. En écoutant

Les *Undergraduate Studies,* que les Américains appellent *College,* durent en principe quatre ans et sont l'équivalent d'une maîtrise ou d'un diplôme d'école en France. Cependant certains soutiennent que le niveau enseignement dans une grande école française est supérieur à celui que peut atteindre un élève au cours de ses 4 années au *College.*

Il y a aux Etats-Unis des universités de tous les niveaux. Le classement le plus respecté est celui d'*US News.* Ceci vous donnera les 50 premières universités des Etats-Unis et de nombreux renseignements sur celles-ci. Ne croyez pas qu'une université classée 50 ème est mauvaise, cela ne marche pas comme les écoles de commerce en France. Jusqu'à la 50ème, aux USA, les universités sont considérées comme étant excellentes.

Quels sont les avantages de faire ses études aux Etats-Unis?
La recherche est plus dynamique. Un diplôme d'une bonne université américaine aura une reconnaissance internationale. Les étudiants sont souvent plus motivés. Il y a des professeurs de grande qualité dans les bonnes universités. On peut choisir toutes ses matières et l'on n'est pas obligé de se spécialiser les deux premières années d'études. On peut tout apprendre (Mathématiques, Economie, Finance, Physiques, Droit, Médecine, Biologie, etc.) au sein d'une même université.

Et les inconvénients?
Le coût des études est très élevé. Il est possible d'avoir des bourses, mais pour un étudiant étranger, elles restent très limitées. Bref, pour obtenir une bourse il faut vraiment être très brillant. Pratiquer un sport à un très haut niveau facilite considérablement l'obtention d'une bourse d'étude. Il y a une différence de mentalité qui peut irriter. Les Français trouveront souvent les étudiants américains de première année immature et sans culture intellectuelle. Leur éducation au lycée est moins rigoureuse que celle que l'on reçoit en France, mais ils rattrapent rapidement leur retard.
(Adapté de: http://www.parisetudiant.com)

Dictée

Jean aime étudier, même pour les cours magistraux dans les matières obligatoires. Il écoute toujours le professeur, travaille bien dans ses travaux dirigés, et rend tous ses devoirs. Il réussit à ses contrôles, mais il ne bachote jamais.

Chapitre 2

B. En écoutant

Une chanson africaine
J'ai des problèmes
J'aime deux filles
Je ne sais pas laquelle choisir
La première est la plus jolie
La seconde est la plus gentille
Entre les deux mon cœur balance
Ça balance et ça rebalance
La plus jolie s'appelle Fanta
La plus gentille, c'est Amina
Entre les deux vraiment j'hésite
Pourtant il faut que je me décide
Mais toujours mon cœur balance
Ça balance et ça rebalance
Quand je suis avec la jolie Fanta
Moi, je pense à la gentille Amina
Quand Amina est près de moi
Mes pensées s'envolent vers Fanta
Et toujours mon cœur balance
Ça balance et ça rebalance
Un jour j'ai pris ma résolution
Croyant avoir trouvé la solution
Mais au moment de me prononcer
Moi je n'ai pas pu me décider
Car toujours mon cœur balance
Ça balance et ça rebalance
(bis)
Dites-moi mes amis
Dites-moi laquelle choisir
Entre la jolie Fanta
Et la gentille Amina
(bis)

Chapitre 3

B. En écoutant

Mes parents sont d'origines et de religions différentes. Mon père, qui vient du Liban, est musulman, et ma mère, d'origine roumaine, est chrétienne orthodoxe. Quand j'étais petite, je ne savais pas ce qu'était le christianisme. On ne parlait pas souvent de religion chez nous mais on m'a élevée comme musulmane. A la maison on croyait en Dieu, un point c'est tout. J'ai grandi à Paris entre deux cultures et je me suis forgé une double identité. Quand Pierre, qui est catholique, et moi nous sommes rencontrés, nous avons dû nous cacher de mes parents. Mon père est très strict et il pense qu'une fille musulmane ne peut pas vivre avec un homme avant son mariage. Je n'ai pas respecté cette règle mais c'était difficile pour nous. Pierre ne voulait pas faire de la peine à mes parents. Finalement, nous avons tout avoué et mes parents ont accepté que nous nous épousions. Après tout, nous avons suivi leur exemple.

Dictée

Le docteur Kiniffo
Je suis né au Bénin, une ancienne colonie française. Mon père avait travaillé dans un hôpital français et il m'a soutenu quand j'ai voulu venir en France pour étudier la

médecine. Après avoir terminé mes études au lycée, j'ai reçu une bourse et je suis parti. Les cours à la faculté de médecine étaient difficiles, mais j'ai bien réussi. On m'a si bien accueilli que j'ai décidé de m'installer en Bretagne.

Chapitre 4

B. En écoutant

Cyclistes, vous avez choisi un mode de transport agréable et bien adapté aux trajets en ville. Mais n'oubliez pas que vous êtes un conducteur de véhicule et que vous devez respecter toutes les règles du Code de la route. Ainsi, vous avez l'obligation de vous arrêter aux feux rouges, d'emprunter les pistes cyclables, de céder la priorité aux piétons qui traversent la rue, de respecter le sens de circulation, de signaler par un mouvement de bras tout changement de direction, et de ne pas circuler sur les trottoirs. Cependant, les enfants de moins de huit ans ont la possibilité de conduire un cycle sur les trottoirs, et les autres cyclistes sont autorisés à marcher sur les trottoirs en tenant leur vélo à main. Votre vélo doit être muni de deux freins en bon état, d'un avertisseur sonore, et d'un éclairage jaune ou blanc à l'avant et rouge à l'arrière. Le port d'un casque vous est vivement recommandé, ainsi qu'une assurance civile pour les dommages causés aux autres par vous ou par votre vélo. Afin de vous protéger contre le vol, attachez toujours votre vélo à un point fixe, utilisez un antivol de qualité, et graver un numéro d'identification sur le cadre du cycle.

(Adapté de: http://www.prefecture-police-paris.interieur.gouv.fr/circuler/cyclistes/cyclistes.htm)

Dictée

Le jour du permis

Quand j'ai démarré, j'étais très tendue. J'ai respecté la vitesse maximum et bien observé la circulation et les autres automobilistes. J'ai dû me garer, faire attention aux cyclistes, aux piétons et aux feux, et nous sommes même tombés dans un embouteillage. J'ai eu de la chance, car tous les autres candidats ont échoué!

Chapitre 5

B. En écoutant

Le 17 septembre nous faisons nos derniers au revoir à la France et embarquons notre matériel à l'aéroport de Nice direction Tunis; une heure et demie d'avion et nous voilà à notre destination. Ali, le frère d'un copain, vient nous accueillir et nous guidera pendant deux jours dans la capitale et nous parlera de la Tunisie que nous ne connaissons pas. Le soir, de retour à la maison, toute la famille nous accueille et la maman d'Ali nous sert de bons plats tunisiens: couscous, tajine, petites saucisses à la sauce tomate et salade méchouia. Tout cela, j'adore. Cela nous enflamme un peu le palais, mais c'est délicieux.

Après deux jours, nous quittons la maison d'Ali direction le sud. La route est bonne, il fait très chaud, il faudra s'habituer. Les températures sont très élevées pour la saison: nous avons les chaleurs du mois d'août.

Notre itinéraire suit d'abord la côte méditerranéenne, puis nous attaquons le Sahara qui couvre un tiers du pays. Nous pédalons environ six heures par jour, ce qui nous permet de faire entre 70 et 130 kilomètres suivant l'état de la route ou de la piste et suivant le vent, souvent contraire, malheureusement.

Dictée

Les préparatifs au départ

Salut Christophe!
Je pars demain matin pour la Guadeloupe. Pourrais-tu t'occuper de mes plantes? Je te téléphonerai quand je serai arrivée mais ne t'inquiète pas, je n'oublierai pas le décalage horaire: c'est cinq heures, je crois, entre Paris et les Antilles. Je ferai de la plongée et je bronzerai à la plage. Bien sûr, je penserai à toi, sous la pluie à Paris. Je t'apporterai une noix de coco.
Ciao, Nathalie

Chapitre 6

B. En écoutant

Un jour elle est arrivée Madame
Chez nous elle s'est installée Madame
Elle n'm'a pas demandé mon avis
Mais d'un ton sans réplique, elle m'a dit:
«Ecoute la conversation
De Madame la Télévision»

Depuis elle est la reine Madame
L'unique souveraine Madame
D'ailleurs elle a de l'autorité
Personne n'ose la contrarier
C'est le silence dans la maison
Quand parle la télévision

Elle parle sur tous les sujets Madame
Elle se contredit souvent Madame
Elle aime beaucoup les tueries
Elle va me les faire aimer aussi…
Je la dénonce comme un poison
Madame la télévision

Souvent on l'entend crier Madame
On a tous les soirs chez nous un drame
Chez nous personne n'est d'accord
Sans quoi je la jetterais dehors…
Nous serons tous bientôt mis en prison
Par Madame la télévision

(Credit: «L'intruse», paroles et musique de Pierre Lachat—CD Apologie 1990, Prod. Chantre, France—www.pierrelachat.com)

Chapitre 7

Un conte de Madagascar
B. En écoutant

C'était tout au commencement du monde. Il n'y avait qu'une seule femme et qu'un seul homme. Cet homme et cette femme avaient des enfants. Malheureusement, un jour les enfants sont tombés malades, et les parents ont fait le même rêve. Dans ce rêve ils ont appris: «Il faut que l'un de vous donne son sang aux enfants, ou ils mourront.»

La mère avait peur de la douleur et ne voulait pas souffrir, alors elle a refusé. L'homme, au contraire, a dit: «Laisse-moi donner mon sang, à condition que, dans l'avenir, je sois le maître des enfants, et que parmi mes descendants les hommes restent également les maîtres.»

La femme a consenti et les enfants ont retrouvé leur santé par le sang de leur père. Voilà pourquoi l'homme a plus d'autorité sur les enfants que la femme.

Dictée

Aladin. Il était une fois, dans le lointain pays du côté où le soleil se lève, une veuve qui avait un fils du nom d'Aladin. Ils étaient très pauvres, et pendant que sa mère travaillait dur, Aladin passait son temps à vagabonder avec les enfants de son âge. Un après-midi, alors qu'il jouait avec ses amis sur la place du village, un mystérieux étranger s'est approché de lui.

Chapitre 8

Un père traditionnel?
B. En écoutant

Dans ma famille, nous sommes cinq, mon père, ma mère, mes deux sœurs et moi. Le reste de la famille est au Maroc et en Algérie. Mon père et moi ne faisons presque rien à la maison (sauf le lit et passer le balai). Certains appellent ça du «machisme» mais c'est comme ça. Elles acceptent très bien. Pour mon père, c'est important qu'on soit bien éduqué et qu'on travaille bien à l'école. Combien de fois mon père m'a giflé parce que je faisais des bêtises? Bon, je ne lui en veux pas, il a eu raison, il m'a remis en place. Il faut que les enfants respectent leurs parents. J'aime ma famille, on s'amuse bien, nos parents nous aident et ne souhaitent pas qu'on finisse à la rue.

Dictée

Une famille recomposée. Je vais chez mon père le week-end, et on s'entend bien. Ma belle-mère est une grande sportive et nous jouons souvent au tennis. Le nouveau mari de ma mère est plutôt intellectuel, alors chez lui, on discute tout le temps, surtout de politique. Il prend mes idées au sérieux, ce que j'apprécie. J'aime ma famille comme elle est, même si le mot «famille» n'est sans doute pas celui qui convient. Etre en famille recomposée me donne accès à deux univers différents. Je considère que c'est un avantage.

Chapitre 9

B. En écoutant

L'histoire commence le 24 juin 1859, à Solferino, une ville dans le nord de l'Italie, où les armées autrichiennes et françaises se battent. Après seize heures de violents combats, 40 000 morts et blessés couvrent le champ de bataille. Le soir même, un citoyen suisse, Henry Dunant, arrive dans la région pour affaires. Il est stupéfait par ce qu'il voit. Les services de santé sont incapables de faire face à la situation et des milliers de soldats blessés sont abandonnés à leur souffrance. Dunant demande aux habitants des villages voisins de l'aider à porter secours aux blessés, en insistant pour qu'on ne fasse pas de distinction entre les combattants des deux camps. De retour en Suisse, Dunant publie un livre, *Un souvenir de Solferino,* dans lequel il demande la création, en temps de paix, de sociétés de secours dont le personnel infirmier serait prêt à soigner les blessés en temps de guerre et l'adoption d'un accord international pour reconnaître et protéger les services de santé. En 1863, Dunant et quatre autres genevois fondent un comité pour examiner la possibilité de réaliser ces idées et peu après, ils adoptent le signe distinctif de l'organisation, une croix rouge sur fond blanc. Un traité international, signé par des représentants de douze gouvernements, reconnaît officiellement l'organisation en 1864 à Genève. C'est le premier instrument du droit humanitaire.

Dictée

La constitution européenne. Cette constitution est bonne pour l'Europe, elle est bonne pour la France. Elle permettra à l'Europe de prendre ses décisions plus rapidement, plus efficacement, plus clairement, et de mieux se faire entendre dans le monde d'aujourd'hui et de demain. Pour la première fois dans l'histoire de l'Europe, ce sont 25 pays qui expriment en commun leur volonté de renforcer la paix et la démocratie sur notre continent et de lui donner de nouvelles chances de prospérité et de solidarité.